La señal de la Cruz

PALABRA

Título original: *The Sign of the Cross. Recovering the Power of the Ancient Prayer*

© Bert Ghezzi, 2003
© Ediciones Palabra, S.A., 2025
   Ronda del Caballero de la Mancha, 59-28034 MADRID (España)
   Telf. (34) 91 350 77 20 - (34) 91 350 77 39
   www.palabra.es
   palabra@palabra.es

© Traducción: José María Sánchez Galera

Diseño de portada: Equipo editorial
ISBN: 978-84-1368-504-5
Depósito Legal: M-22.753-2025
Printed in Spain - Impreso en España

Bert Ghezzi

La señal de la Cruz

Recuperar el poder de la antigua plegaria

dBolsillo

Una de las razones por las que la Infinita Sabiduría ha elegido la Cruz es porque un ligero movimiento de la mano es suficiente para trazar sobre nosotros el instrumento de la divina tortura: una Señal brillante y poderosa, que nos enseña todo lo que tenemos que saber, y sirve como broquel contra nuestros enemigos.

San Alcuino de York (735-804)

– ÍNDICE –

1. Recuperar el poder de la antigua Señal............11

2. Una breve historia de la Señal de la Cruz.........23

3. Una apertura a Dios.....................................31

4. Una renovación del Bautismo..........................43

5. Una marca de discípulo.................................57

6. Una aceptación del sufrimiento 71

7. Una defensa contra el diablo..........................81

8. Una victoria sobre la autocomplacencia..........91

Conclusión. Gracias y decisiones.....................103

Bibliografía...109

1. RECUPERAR EL PODER
DE LA ANTIGUA SEÑAL

No llegue a sucederme que me jacte, si no es
de la Cruz de nuestro Señor Jesucristo, por quien
para mí el mundo está crucificado y yo para
el mundo... Por todo lo demás, que nadie me
ocasione fatigas; pues yo cargo en mi cuerpo las
marcas de Jesús.

Gálatas 6, 14.17

Esta señal es una poderosa protección. No
cuesta dinero, en atención a los pobres. No cues-
ta esfuerzo, en atención a los débiles. Un bene-
ficio que procede de Dios, el estandarte de los
fieles, el terror de los demonios.

San Cirilo de Jerusalén (c. 315-386)

Adorna y protege a cada uno de tus
miembros con esta señal victoriosa,
y nada podrá dañarte.

San Efrén de Siria (306-373)

Alexander Solzhenitsyn se apoyó en su pala y observó las grises nubes que se deslizaban sombríamente por el cielo. Un viento implacable lo azotaba colándose por dentro de su uniforme de preso. Sentía como si penetrara en su alma. Cada hueso y cada músculo le dolía. El hambre le corroía el estómago. Años de dura labor en el campo de trabajos forzados siberiano habían arruinado su salud y le habían despojado de esperanza.

Solzhenitsyn ya no podía aguantar más. Dejó caer la pala, se apartó de su cuadrilla de trabajo y se sentó en un banco que había cerca. Pronto un guarda le ordenaría volver a la tarea. En cuanto él ignorase la orden, el guarda lo golpearía hasta matarlo, quizá con su propia pala. Es algo que había visto cómo les ocurría a otros muchas veces. «Una muerte rápida y sangrienta hoy», pensó Solzhenitsyn, «sería mejor que una lenta muerte en un futuro desapacible y hueco».

Se quedó mirando al suelo, esperando lo inevitable. Pronto oyó pasos y se dispuso para encajar las desabridas palabras del guarda. Pero, al levantar la vista, en vez de un guarda, vio a un prisionero anciano y demacrado de pie frente a él. El anciano no dijo nada, sino que se arrodilló ante Solzhenitsyn. Con un palo trazó la señal de la cruz en la polvorienta tierra y se apresuró a volver a su tarea.

Solzhenitsyn contempló la cruz y, mientras reflexionaba en torno a ella, un rayo de luz penetró en sus oscuros pensamientos. En ese momento, su enfoque cambió radicalmente. Cayó en la cuenta de que no tenía que enfrentarse a la maldad del gulag y de los soviéticos con sus propias y mermadas fuerzas. Mediante el poder de la cruz, podía resistir a la maldad no solo de un imperio soviético, sino de un millar de imperios soviéticos.

Se levantó del banco y volvió a su tarea. Por fuera, ninguna de las opresivas circunstancias de Solzhenitsyn cambió aquel día, pero por dentro había experimentado una apacible revolución. La señal de la cruz lo había bendecido con la gracia de la esperanza.

Esta historia la encontré buscando por internet, y me conmovió profundamente porque confirmaba algo que yo había estado descubriendo en mi propia oración. Por algún motivo, en los últimos años, me he tomado más en serio la señal de la cruz. Me he estado santiguando con mayor frecuencia y mayor reverencia y fe. Con el tiempo, comencé a percibir que, al santiguarme, me estaba enganchando a una poderosa energía divina que acarreaba muchas consecuencias prácticas en mi vida. Me ha abierto a un torrente de gracias que me ha fortalecido a la hora de enfrentarme a los desafíos que surgen cada día.

Al reflexionar sobre cómo me estaban yendo las cosas, me daba cuenta de que estaba controlando mejor mi rabia y superando otros defectos. También sentía que estaba tratando con Dios de manera más libre y directa. Me pregunté qué estaba haciendo distinto que pudiera dar cuenta de este considerable progreso. La única respuesta que se me ocurrió fue que estaba rezando con más fervor gracias a la señal de la cruz.

Mientras buscaba entender lo que me estaba sucediendo leí algunos artículos y libros acerca de la señal de la cruz. Una somera indagación me demostró que lo que, para mí, era una novedosa experiencia había sido la experiencia normal y cotidiana de los cristianos durante los primeros siglos de la Iglesia. Aprendí que muchos escritores cristianos primitivos describían cómo los creyentes se santiguaban con frecuencia. Por ejemplo, Tertuliano, un teólogo que escribió a principios del siglo III (vivió, más o menos, entre el año 160 y el 240), dijo: «En todos nuestros viajes y desplazamientos, en todas nuestras llegadas y salidas, al calzarnos, al bañarnos, al sentarnos a la mesa, al encender nuestras velas, al acostarnos, al sentarnos, en cualquier asunto en que estemos atareados, marcamos nuestras frentes con la señal de la cruz». Y mi lectura me siguió mostrando cómo los Padres de la Iglesia daban testimonio de las grandes bendiciones y poder que iban agregados a la señal de la cruz. Los voy a citar de modo extenso a lo largo de este libro, pero ahora voy a citar nada más que a san Juan Crisóstomo (347-407), elocuente predicador y patriarca de Constantinopla:

Nunca salgas de casa sin hacer la señal de la cruz. Será para ti un cayado, un arma, una fortaleza inexpugnable. No habrá hombre ni demonio que se atreva a atacarte, viéndote recubierto con armadura tan poderosa. Que esta señal te enseñe que eres un soldado, presto para el combate contra los demonios, y dispuesto para la pelea por la corona de justicia. ¿Ignoras lo que ha obrado la Cruz? Ha derrotado a la muerte, destruido el pecado, vaciado el infierno, destronado a Satanás y restaurado el universo. ¿Acaso vas a dudar de su poder?

Cuando era un chiquillo, mi madre me enseñó a santiguarme mientras me arrodillaba para rezar antes de dormir. Desde entonces, a lo largo de todos los años, me he santiguado al comenzar y al terminar mis oraciones. Pero, echando la vista atrás, me doy cuenta de que, si bien siempre realizaba el gesto de forma respetuosa, lo hacía de manera rutinaria, superficial y sin ser consciente de su significado. Mi experiencia reciente y la indagación que he llevado a cabo me han hecho cambiar mi modo de verlo y practicarlo. Redundando en un gran provecho para mí, he descubierto y retomado el tremendo poder de esta antiquísima plegaria cristiana.

A veces, mientras me santiguo, imagino que viajo atrás en el tiempo hasta el Calvario. Con María,

María Magdalena y Juan, permanezco al pie de la Cruz como testigo del supremo sacrificio del Señor. Lo veo morir en una muerte horrenda por amor a mí. Luego, un soldado le perfora el costado y un torrente de gracias mana desde su corazón, envolviéndome en inimaginables bendiciones. Con este libro te animo a que te unas conmigo a su Cruz. Ven conmigo al Gólgota, donde también vas a descubrir el poder de este gesto sagrado que transforma la vida, y te abrirás con mayor plenitud a sus maravillosas gracias.

Te invito a explorar conmigo las realidades multidimensionales de la señal de la cruz. Si aceptas –y espero que lo hagas, pues sé que no te arrepentirás–, vamos a ponernos a discutir juntos las siguientes seis verdades que acrecentarán tu experiencia de la antigua plegaria. La señal de la cruz es:

- un acto de fe que nos conduce a la presencia de Dios;
- una manera de renovar nuestro Bautismo;
- una afirmación de nuestra decisión de seguir a Cristo;
- una decisión de aceptar nuestra parte en el sufrimiento de Cristo;
- una defensa contra el diablo; y
- un medio para superar nuestros errores y crecer en semejanza a Cristo.

Cuando Jim Manney, mi amigo y editor, me escuchó hablar sobre estas verdades, dijo que la señal de la cruz resumía la entera vida cristiana y que quería que yo escribiese un libro sobre el tema. Estuve de acuerdo con su planteamiento y su propuesta. Y he escrito el libro que tienes entre tus manos para mostrar cómo este antiquísimo gesto de plegaria cristiana es una forma sencilla y fiable para que renovemos nuestras vidas cristianas.

Un manantial de bendición

Mi entusiasmo por la señal de la cruz —reiterado gracias al entusiasmo de los primitivos autores que cito— puede llevarte a una conclusión errónea sobre cómo funciona. Seamos claros desde el principio: el gesto no *causa* bendición ni nos concede poder. Más bien, la señal de la cruz nos *abre* a la bendición y poder de Dios. Distinguir los sacramentales de los sacramentos nos va a ayudar a entenderlo correctamente.

La Iglesia denomina a la señal de la cruz como un *sacramental*, porque opera al modo de un *sacramento*. Pero un sacramental difiere significativamente de un sacramento. Un sacramento es un signo o símbolo que causa lo que significa. Por ejemplo, en el Bautismo, Dios usa agua —un símbolo de purificación— para lavar todos nuestros pecados. Un sacramental no confiere gracias divinas de la misma manera que un sacramento, sino que nos prepara para recibir la bendición de Dios y nos dispone a cooperar con ella. Cuando hacemos la señal de la cruz, por ejemplo, nos abrimos a que el Señor haga algo en nosotros. Nos estamos preparando para su bendición y expresando nuestro deseo de recibirla y aprovecharla. Un sacramento *causa;* un sacramental *invita.*

Cada vez que nos santiguamos, estamos invitando al Señor a que nos bendiga, y Él siempre responde. Podemos percibir su acción, igual que Solzhenitsyn cuando recuperó la esperanza. Pero la mayoría de las veces, cuando nos santiguamos, no sentimos nada. Lo cual se debe a que Dios está empleando los movimientos de nuestro cuerpo para alcanzar nuestro espíritu, y nuestros sentidos no pueden registrar mucho de lo que Él está realizando. Sin embargo, cada vez que nos santiguamos, el Señor nos envía una nueva ráfaga de energía divina. Cuando nos tocamos la frente, pecho y hombros en su nombre, Él está tocando nuestro espíritu con las bendiciones de la Cruz.

La Iglesia emplea la palabra *gracia* para describir la bendición que se nos otorga a través de los sacramentos y sacramentales. *Gracia* se refiere a una efusión del Espíritu Santo que nos llega como un don gratuito de Dios. *Gracia santificante* es la presencia del Espíritu que nos salva y nos santifica. *Gracia actual* se refiere a un don específico de energía divina que sostiene nuestra vida cristiana.

Solzhenitsyn, por ejemplo, se mantuvo en la gracia santificante que lo inundó en su Bautismo, y la intervención divina que le dio esperanza para soportar el gulag fue una gracia actual.

Al igual que todos los sacramentales, la señal de la cruz nos dispone a aprovechar mejor la gracia santificante e invoca a Dios para que nos conceda gracias actuales. El Catecismo de la Iglesia Católica enfatiza esta realidad:

> La liturgia de los sacramentos y de los sacramentales hace que, en los fieles bien dispuestos, casi todos los acontecimientos de la vida sean santificados por la gracia divina que emana del misterio Pascual de la Pasión, Muerte y Resurrección de Cristo, de quien reciben su poder todos los sacramentos y sacramentales, y que todo uso honesto de las cosas materiales pueda estar ordenado a la santificación del hombre y a la alabanza de Dios (§ 1670 = *Sacrosanctum Concilium* §61).

Aquí el Catecismo adopta y recomienda la antigua práctica cristiana de consagrar la vida cotidiana mediante los sacramentales, el principal de los cuales es la señal de la cruz. Invocar la bendición de este signo en momentos clave eleva las actividades ordinarias a oportunidades para acercarse a Dios: actividades como despertarse, comer, llevar a los niños al colegio, comenzar la jornada laboral, responder a los correos electrónicos, hacer la compra, relajarse en familia e irse a la cama.

Bendecir a los demás y a los objetos mediante la señal de la cruz es, asimismo, una antigua práctica cristiana. Hacemos la señal en el aire sobre algo o alguien mientras invocamos el nombre del Padre, del Hijo y del Espíritu Santo. La Iglesia emplea en abundancia esta forma de la señal de la cruz como una bendición en la liturgia. Durante la Misa, por ejemplo, el celebrante hace la señal sobre el pan y el vino para prepararlos para el sacrificio, y al final de la Misa, da una bendición sobre el pueblo para robustecerlo en su servicio a Dios y a los demás. Fuera de la liturgia, los sacerdotes bendicen objetos religiosos, como rosarios, medallas, escapularios o pequeños crucifijos.

Me resulta difícil aplicar las recomendaciones de muchos libros de devoción cristiana. Me abruman con recetas de siete, doce o 144 cosas que debo hacer para alcanzar el éxito espiritual, o con programas complejos de disciplinas espirituales que requieren más esfuerzo del que puedo acometer. Aunque admiro la sabiduría de tales libros, rara vez soy capaz de hacer lo que sugieren. Puede que tú sientas lo mismo. Pero el consejo que doy en este pequeño libro solo requiere el esfuerzo de hacer un simple gesto y rezar una sencilla plegaria. Cristo ya se hizo cargo del trabajo duro cuando sobrellevó su atroz Pasión y muerte y convirtió su Cruz en un manantial de bendición para nosotros. Tú puedes empezar ahora mismo a disfrutar más plenamente de las bendiciones y el poder de esta antigua señal. Simplemente trázala en tu cuerpo con reverencia y con fe. Adelante, hazlo –aunque estés leyendo esto en un lugar público.

Antes de considerar juntos las seis verdades que van a ampliar tu comprensión y experiencia de la señal de la cruz, quiero contarte cómo los cristianos lo hacían en el pasado, y cómo hemos llegado a trazar las grandes y pequeñas señales de la cruz que hacemos hoy en día. Pero si no sientes curiosidad por la historia de la antigua plegaria, puedes saltar al capítulo tres y zambullirte en el meollo del mensaje de este libro.

2. UNA BREVE HISTORIA DE LA SEÑAL DE LA CRUZ

Pasa por en medio de toda Jerusalén y marca la señal de una cruz [una letra tau] en las frentes de todos aquellos que gimen y se afligen de todas las iniquidades que se cometen allí.

Ezequiel 9, 4

Y entonces os bendecís con la señal de la santa Cruz ... Y esta bendición la comenzáis con vuestra mano desde la cabeza hacia abajo, y luego hacia el lado izquierdo y después hacia el lado derecho, como símbolo y confesión de que Nuestro Señor Jesucristo descendió desde la cabeza, es decir, desde el Padre, a la tierra mediante su santa Encarnación, y desde la tierra hacia el lado izquierdo, es decir, el infierno, mediante su amarga Pasión, y desde allí hasta el lado derecho de su Padre mediante su gloriosa Ascensión.

El Espejo de Nuestra Señora
(devocionario del siglo XV)

Tan pronto como te levantes de la cama por la mañana, debes bendecirte con la señal de la santa

Cruz y decir: «¡Hágase la voluntad de Dios, Padre, Hijo y Espíritu Santo! Amén».

Catecismo Menor de Martín Lutero (1529)

Durante la Reforma del siglo XVI, algunos cristianos protestantes repudiaron la señal de la cruz, pues la consideraban algo supersticioso. Sin embargo, el propio Martín Lutero no abandonó esta práctica y la recomendó en su *Catecismo Menor*, dentro de un apéndice dedicado a la oración en familia. Hoy en día, los atletas que se santiguan para tener buena suerte en competiciones deportivas refuerzan la idea de que es una superstición. Pero los jugadores de baloncesto que van a lanzar el tiro libre no han sido los primeros en abusar de este gesto, atribuyéndole poderes mágicos que podrían reportar un dudoso beneficio personal. Ya en el siglo VI, san Cesáreo (470-542), obispo de Arlés y uno de los primeros autores cristianos con éxito en venta de libros, reprendía a los cristianos que se santiguaban mientras iban a cometer un robo o un adulterio.

Sin embargo, ningún resquicio de superstición o magia manchaba la señal de la cruz en sus orígenes. Aunque no existe prueba directa, parece claro —a tenor de las circunstancias— que este gesto sagrado tuvo sus raíces como plegaria en tiempos apostólicos. San Basilio, un Padre de la Iglesia del siglo IV (nació en el 329 y murió en el 379), decía que los Apóstoles «nos enseñaron a marcar mediante la señal de la cruz a aquellos que cifran su esperanza en el Señor» —es decir, aquellos que se presentaban al Bautismo.

De modo que los primeros cristianos es probable que aprendieran a hacer la señal de la cruz en su Bautismo cuando el celebrante los signaba para consagrarlos a Cristo. En las Escrituras hay alguna prueba de ello. Por ejemplo, san Pablo les estaba recordando a los efesios que ellos habían recibido la señal de la cruz durante el Bautismo, cuando les decía: «Habéis quedado sellados con el Espíritu Santo de la Promesa» (*Efesios* 1, 13). Y Pablo podría estar hablando de cómo le hicieron la marca de la cruz durante su Bautismo, cuando les dice a los gálatas: «llevo en mi cuerpo las marcas de Jesús» (*Gálatas* 6, 17). Más adelante proseguiré con este asunto, pero de momento solo quiero indicarte que la señal de la cruz se originó entre personas que no estaban muy alejadas del propio Cristo.

Los primeros cristianos usaban el pulgar o el dedo índice para trazar una pequeña cruz en sus frentes. Asociaban esta práctica a referencias en *Ezequiel* 9, 7 y *Apocalipsis* 7, 3; 9, 4 y 14, 1, cada una de las cuales describe cómo los creyentes portan el sello de Dios en sus frentes. Esa marca era una cruz —la letra griega tau— que se escribía como una T y representaba el nombre de Dios. Orígenes (nació en torno al año 185 y murió cerca del 253), teólogo y autor de obras religiosas, comenta el pasaje de Ezequiel citando a un escritor que decía:

La forma de la letra tau mostraba semejanza con la figura de la cruz, lo cual representaba una profecía de la señal que los cristianos hacen en sus frentes. Pues todos los fieles hacen esta señal cuando emprenden cualquier actividad, en especial, la oración o la lectura de las Sagradas Escrituras.

Así que, ya en el siglo III, los cristianos solían marcar sus frentes con la cruz. También trazaban el pequeño signo en sus labios y pechos, como aún seguimos haciendo hoy cuando se proclama el Evangelio en la Misa. Y hacían la señal en el aire a modo de bendición sobre personas y cosas. Tertuliano, por ejemplo, habla de una mujer que signaba su cama, y san Cirilo de Jerusalén narra cómo los cristianos trazan la cruz «sobre el pan que comemos y las copas que bebemos». Emplear la señal de la cruz como bendición pudo haber llevado a algunos cristianos a hacer más grande el gesto de la señal, tal como hoy la conocemos, aunque esa práctica no se generalizó hasta más tarde.

La oposición a la herejía monofisita durante los siglos VII y VIII pudo haber contribuido a popularizar que la señal de la cruz fuese de mayor tamaño. Para refutar sumariamente a estos herejes –que sostenían que Cristo tenía una única naturaleza divina en lugar de dos naturalezas, una humana y una divina–, los cristianos de Oriente comenzaron a santiguarse con dos dedos o con el pulgar y el índice. Tenían que trazar una señal más grande sobre el pecho a fin de que su gesto con dos dedos en defensa de la verdad resultara visible para todos. Imagina el contraste que tenía lugar cuando un cristiano se encontraba con un monofisita. El cristiano haría una señal grande y ostentosa con dos dedos y se cambiaría rápido de acera. El monofisita le respondería con un prolongado gesto hecho con el dedo índice y se marcharía indignado. La idea de esta escena puede hacernos sonreír, pero en aquellos tiempos los ánimos de la gente corriente se inflamaban por cuestiones teológicas.

Ya el siglo IX, los cristianos de Oriente se signaban con un gesto más notorio, empleando el pulgar, índice y dedo corazón extendidos –para simbolizar la Trinidad–, y con el anular y el meñique doblados hacia dentro –para simbolizar las dos naturalezas de Cristo. A mediados del siglo VIII, en una época en la que los emperadores tenían mucho que decir sobre los asuntos eclesiásticos, el emperador bizantino León IV decretó que todas las bendiciones debían hacerse con una gran cruz derecha, es decir, con el gesto horizontal moviéndose de derecha a izquierda. Aunque esta proclamación se aplicaba a las bendiciones, se incorporó de manera popular al gesto de santiguarse. El precepto del emperador establecía la señal de gran tamaño como la práctica común en Oriente. Los cristianos de las Iglesias Orientales se santiguaban con el índice, el dedo corazón y el pulgar extendidos, tocándose la frente, luego el pecho, y después cruzando sus hombros de derecha a izquierda.

No queda claro cómo los cristianos en Occidente llegaron a adoptar este gesto amplio para trazar la señal de la cruz. Parece ser que, después del siglo IX, algunos cristianos en Occidente imitaron la práctica de la Iglesia Oriental santiguándose con una gran cruz derecha. Pero al mismo tiempo, otros en Occidente habían comenzado a trazar el gesto amplio de la cruz sobre su pecho, moviendo la mano desde el hombro izquierdo al hombro derecho.

El papa Inocencio III (1160-1216) ordenó que los cristianos se signaran con dos dedos y el pulgar extendidos. Permitió que unos se santiguaran con una cruz desde la derecha y otros desde la izquierda, sin indicar preferencia por ninguna de las dos formas. Pero antes del final de la Edad Media, los cristianos en Occidente mostraban preferencia por santiguarse desde el hombro izquierdo hasta el derecho. Por ejemplo, *El Espejo de Nuestra Señora*, un documento de finales del siglo XV, enseñaba a las monjas de la Orden de Santa Brígida de la Abadía de Sion en Middlesex (Inglaterra) a hacerse la señal de la cruz de izquierda a derecha. Explicaba que el movimiento de la frente al pecho significaba que Cristo había descendido del Cielo a la tierra en su Encarnación, y el movimiento del hombro izquierdo al derecho indicaba que Cristo, en su muerte, había descendido al infierno y luego ascendido al Cielo para sentarse a la derecha del Padre.

A finales de la Edad Media –probablemente, bajo la extensa influencia de los monasterios benedictinos, donde la práctica era santiguarse con la mano abierta, con gesto notorio, y finalizando de izquierda a derecha–, la mayoría de los cristianos en Occidente hacían la señal de la cruz como la hacemos hoy en día.

En cada época, ha sido muy habitual –aunque no indispensable– que los cristianos acompañen el gesto de santiguarse con una devota plegaria. Sin embargo, las oraciones han variado enormemente. En los primeros siglos, se empleaban invocaciones como «La señal de Cristo», «El sello del Dios vivo» y «En el nombre de Jesús». En siglos posteriores, oraban «En el nombre de Jesús de Nazaret», «En el nombre de la Santísima Trinidad» y «En el nombre del Padre y del Hijo y del Espíritu Santo»; esta última es la invocación más frecuente que usamos hoy en día. Los cristianos también han empleado fórmulas sugeridas por la liturgia, como «Oh

Dios, acude en mi socorro» y «Nuestro auxilio es el nombre del Señor». Esta diversidad de plegarias que acompañan a la señal de la cruz debería animarte a rezar con espontaneidad cuando te santigües, una práctica que recomiendo en capítulos posteriores.

Los cristianos del siglo XXI han heredado una diversidad de formas de signarse y santiguarse. Hoy verás a personas que se santiguan con gestos amplios hacia la izquierda, o bien hacia la derecha; con la mano abierta, o bien con el índice, el dedo corazón y el pulgar extendidos; trazando pequeñas cruces sobre la frentes, los labios y el pecho con un dedo, dos dedos o con el pulgar y el índice. Puede que veas a un joven hispano hacer una gran cruz de izquierda a derecha y luego besarse una pequeña cruz que forma con sus dedos pulgar e índice, una práctica que arraiga en un remoto pasado. Verás a clérigos en entornos litúrgicos y a laicos en situaciones ordinarias bendiciendo personas y objetos con el índice, el dedo corazón y el pulgar, o bien con la mano abierta. Pero no importa cómo lo hagan –gesto grande o pequeño, con un dedo, dos, tres o mano abierta–; todos los que se santiguan con fe se están abriendo al Señor. En el próximo capítulo vamos a empezar a examinar las formas en que este signo nos abre a Dios.

3. UNA APERTURA A DIOS

Todo cuanto hiciereis de palabra o de obra, todo sea en nombre del Señor Jesucristo, dando gracias a Dios Padre por mediación de Él.

Colosenses 3, 17

Lo que sea que pidiereis en mi nombre, yo lo haré, para que sea glorificado el Padre en el Hijo. Si algo me pidiereis en mi nombre, yo lo haré.

Juan 14, 13-14

Cuando te santigües, piensa en todos los misterios que se contienen en la cruz. No basta con trazarla con el dedo. Primero debes trazarla con fe y buena voluntad... Cuando marques tu pecho, tus ojos y todos tus miembros con la señal de la cruz, ofrécete como víctima agradable a Dios.

San Juan Crisóstomo (347-407)

Si decides retomar los beneficios de esta antigua práctica cristiana, te vas a santiguar con la misma frecuencia que los primeros cristianos. Vas a descubrir, tal como he prometido en el capítulo uno, que este signo desata un torrente de bendiciones en tu vida. Lo cual se debe a que la señal de la cruz y las palabras que rezamos al santiguarnos nos abren a Dios. Eso es lo que ocurre.

A veces nos santiguamos en silencio, abriéndonos a su bendición sin decir ninguna palabra para acompañar el gesto. Por ejemplo, yo me persigno callado cuando me subo a un avión o paso por un cruce de carreteras con mucho tráfico. Pero al hacer la señal de la cruz, solemos decir: «En el nombre del Padre y del Hijo y del Espíritu Santo. Amén». Invocamos al Señor de esta manera, sobre todo, cuando empezamos o terminamos nuestras oraciones. Así es como la comunidad cristiana comienza su celebración de nuestra mayor plegaria, la Misa. Y la Misa siempre concluye con la bendición del sacerdote en forma de cruz sobre la asamblea.

Hacer la señal de la cruz invocando a la Trinidad renueva nuestra energía espiritual de varias formas. Nos da la oportunidad de:

- profesar nuestra fe,
- rezar a Dios tal como es (no como nos imaginamos que es),
- entrar en su presencia, y
- orar con el «Poder de Dios» (en lugar de solo con «poder humano»).

Considera estas realidades conmigo. Reflexionar en torno a estas cuestiones va a cambiar la manera como te santiguas. Y persignarte de manera más reflexiva te abrirá más plenamente a Dios y fortalecerá tu relación con Él. Pocas disciplinas espirituales ofrecen tanto provecho a cambio de tan poco esfuerzo como este antiguo y sagrado gesto.

Profesar nuestra fe

La oración que rezamos al hacer la señal de la cruz proviene del mandato de Jesús, tal como se lee en *Mateo* 28, 19, de que la Iglesia debe bautizar a los nuevos discípulos «en el nombre del Padre y del Hijo y del Espíritu Santo». Esta fórmula evolucionó hacia fórmulas de credo más desarrolladas mediante las cuales los conversos declaraban su fe al bautizarse. A finales del siglo IV, los cristianos recién bautizados en las iglesias de Oriente profesaban el Credo de Nicea, que hoy recitamos en la Misa dominical. Los conversos en las iglesias de Occidente confesaban el Credo de los Apóstoles, que, según afirma una antigua leyenda, los Doce lo compusieron en común. El texto del Símbolo de los Apóstoles es este:

Creo en Dios, Padre todopoderoso, Creador del Cielo y de la tierra. Y en Jesucristo, su único Hijo, nuestro Señor, que fue concebido por obra del Espíritu Santo, nació de Santa María Virgen, padeció bajo el poder de Poncio Pilato, fue crucificado, muerto y sepultado; descendió a los infiernos; al tercer día resucitó de entre los muertos; subió a los Cielos y está sentado a la derecha de Dios Padre todopoderoso. Desde allí ha de venir a juzgar a vivos y muertos. Creo en el Espíritu Santo, la santa Iglesia católica, la comunión de los santos, el perdón de los pecados, la resurrección de la carne y la vida eterna. Amén.

Cada vez que hacemos la señal de la cruz, renovamos nuestra profesión de fe en estas verdades de una forma abreviada pero espiritualmente densa. Expresamos nuestra creencia y compromiso con el Padre, el Hijo y el Espíritu Santo, y reconocemos su obra de creación, salvación y santificación.

En el pasado, muchos cristianos creían que, incluso sin pronunciar las palabras, el mero gesto confesaba en sí mismo nuestra fe. Aseguraban que santiguarse afirmaba doctrinas cristianas esenciales; tocarse la frente y bajar la mano al pecho declaraba que creemos que el Padre envió a su Hijo desde el Cielo hasta la tierra para asumir nuestra naturaleza humana. Tocarse el hombro izquierdo confesaba que el Hijo murió en la Cruz para traernos la salvación. Y mover la mano al hombro derecho profesaba nuestra fe en que ascendió al Cielo y envió el Espíritu Santo para santificarnos.

La señal de la cruz nos mantiene en esas realidades cristianas. Consolida nuestra lealtad a Dios y nuestra fidelidad y confianza en las doctrinas cristianas básicas, y así contribuye de modo significativo a nuestro bienestar espiritual. Deberíamos santiguarnos de manera consciente y con frecuencia.

Dirigirse a Dios tal como es

Confiar demasiado en nuestra propia idea de Dios puede debilitar o distorsionar nuestra relación con Él. Pero invocar a la Trinidad cuando hacemos la señal de la cruz nos ayuda a evitar esta desafortunada circunstancia. Este es el modo como nuestra imaginación puede nublar nuestra relación con Dios y cómo la señal de la cruz la mantiene clara.

Hace poco, un entrevistador en un programa de radio de ámbito nacional preguntó a los oyentes qué hacían cuando rezaban. Una mujer dijo que se imaginaba a Dios como «muy, muy grande» y a sí misma como «muy, muy pequeña» cuando se hallaba ante su presencia. Otra persona dijo que se limitaba a «subirse a las rodillas de Dios y quedarse ahí sentado con Él». Usar de esta manera nuestra imaginación puede robustecer nuestra oración, pero también puede inhibir una mejora de nuestro conocimiento de Dios y que lo amemos más.

En el peor de los casos, imaginar demasiado puede incluso hacer que rindamos culto a nuestra propia idea de Dios en lugar de a Dios mismo. En la célebre obra de C. S. Lewis *Cartas del diablo a su sobrino*, Escrutopo es un demonio veterano que está adiestrando a su sobrino Orugario para enseñarle a seducir almas, y le aconseja que anime a su «paciente» a rezar a la imagen mental de Dios (a quien Escrutopo llama el «Enemigo») que él mismo se haya forjado. Dice Escrutopo que los humanos:

no parten de esa percepción directa de Él que nosotros, desgraciadamente, no podemos evitar... Si observas dentro de la mente de tu paciente cuando está rezando, no te encontrarás *eso*. Si examinas el objeto al que está dirigiendo su atención, hallarás que es un objeto compuesto que contiene muchos ingredientes bastante ridículos. Habrá imágenes que se derivan de las representaciones del Enemigo tal como se apareció durante el deshonroso episodio conocido como la Encarnación; habrá imágenes más vagas —quizá bastante pedestres y pueriles— asociadas con las otras dos Personas... Pero, sea cual sea la naturaleza del objeto compuesto, debes mantenerlo rezándole a *eso* —al objeto que él se ha creado, no a la Persona que lo ha creado a él... Porque, si alguna vez llega a hacer la distinción, si alguna vez dirige conscientemente sus oraciones «no a lo que creo que Vos sois, sino a lo que Vos sabéis que sois», nuestra situación resultará, por el momento, desesperada. Una vez desechados todos sus pensamientos e imágenes —o, si perviven, se mantienen dentro de un pleno reconocimiento de su naturaleza subjetiva—, y cuando el hombre se confía a la Presencia completamente real, externa e invisible, que está allí con él en la habitación, y que nunca podrá conocerla como la Presencia se conoce a sí misma —¡en fin!—, entonces es cuando lo imponderable puede ocurrir.

Aquí es donde entra la señal de la cruz. Cuando invocamos a la Trinidad, estamos fijando nuestra atención en el Dios que nos creó, no en la idea de Dios que nos hemos creado. Estamos despojándonos de nuestras imágenes y encaminando nuestras oraciones a Dios tal como Él se ha revelado: Padre, Hijo y Espíritu Santo. A veces, después de haberme santiguado con la fórmula trinitaria, para asegurarme de que lo estoy haciendo bien, añado: «Señor, te estoy rezando como al Dios que se conoce a sí mismo, no como a uno a quien creo que conozco». Al fijar mi mirada en Dios tal como es, espero que ocurra lo imponderable. Te apremio a que lo intentes. Pronto notarás una diferencia en tu oración y en tu disposición hacia el Señor.

Entrar en la presencia de Dios

El significado vinculado a la palabra *nombre* se ha ido diluyendo a lo largo de los siglos. Ha perdido un peso considerable respecto a su empleo en la Biblia, donde transmitía un significado más profundo que el que tiene ahora. Si pretendemos experimentar el pleno beneficio de rogar «En el *nombre* del Padre y del Hijo y del Espíritu Santo», DEBEMOS recuperar la rica connotación que la Escritura aplica al nombre de Dios.

Solemos pensar que un nombre es una mera etiqueta que, sin más, identifica a la persona que lo lleva. Pero para los judíos de los tiempos bíblicos, un nombre implicaba mucho más. Suponía la naturaleza y la esencia de la persona. Tomemos en consideración dos ejemplos, uno del Antiguo Testamento y otro del Nuevo Testamento. Cuando Jacob venció en su lucha con Dios, Dios le dio un nuevo nombre que comunicaba su naturaleza: «Ya no se volverá a llamar tu nombre Jacob, sino que tu nombre será Israel, pues has mostrado tu vigor con Dios y con los hombres y has prevalecido» (*Génesis* 32, 29). El nombre «Israel» significa «el que contiende con Dios».

Y cuando Jesús conoció a Simón, de inmediato le dio un nuevo nombre que expresaba su esencia: «Tú eres Simón, hijo de Juan; te llamarás Cefas —que significa Piedra» (*Juan* 1, 42). Ambos nombres significan «roca»; *Cefas* en arameo y *Pedro* en griego.

De una manera parecida, el nombre de Dios conlleva su naturaleza y substancia. Cuando Moisés le preguntó a Dios su nombre, Él respondió: «Yo soy el que es». También le dijo Dios a Moisés: «Esto es lo que dirás a los israelitas: "Yo soy me ha enviado a vosotros"» (*Éxodo* 3, 14). Los autores judíos de las Escrituras trasladaron este nombre como YHWH, que hoy pronunciamos como «Yahweh». Jesús dijo su divino nombre a los dirigentes judíos en una disputa en torno a su relación con Abraham: «En verdad, en verdad os digo, antes de que Abraham fuese engendrado, *yo soy*» (*Juan* 8, 58, la cursiva es mía). De modo que Dios nos ha revelado su nombre, un nombre que compendia su existencia infinita y nos la comunica.

Esta comprensión bíblica del nombre de Dios nos abre al poder espiritual de la señal de la cruz con una plenitud aún mayor. Cuando nos santiguamos «en el nombre de» la Santísima Trinidad, estamos rezando conforme a la naturaleza y substancia divina de Dios. Estamos orando en unión con el Dios que es. Así, la invocación traslada nuestra plegaria a un nivel superior al llevarnos a la presencia del Señor y prender su poder. Porque las Escrituras enseñan que, cuando invocamos su nombre, Dios se nos acerca y nos bendice. Por ejemplo, cuando Dios establece su alianza con Israel, prometió: «En todo lugar donde yo haga invocar mi nombre, allí vendré a ti y te bendeciré» (*Éxodo* 20, 24). También instruyó a Moisés para que los sacerdotes bendijeran a los israelitas invocando su nombre Yahweh «Yo soy el que es»:

Yahweh habló a Moisés diciendo: «Habla a Aarón y a sus hijos y diciéndoles: "Así bendeciréis a los hijos de Israel diciéndoles:

que Yahweh te bendiga y te guarde;

que Yahweh haga resplandecer su rostro sobre ti y te conceda su gracia;

que Yahweh alce su rostro hacia ti y te otorgue paz".

Así invocarán mi nombre sobre los hijos de Israel, y yo los bendeciré» (*Números* 6, 22-27).

Mediante la señal de la cruz recordamos el nombre de Dios, y como respuesta nos conduce a su presencia y nos bendice. Así que no se trata de una mera fórmula que da inicio y fin a nuestras oraciones. Este signo es una acción que nos acerca a Dios y nos hace conscientes de que caminamos y oramos en su compañía. Un gesto tan pequeño, con una consecuencia tan maravillosa.

Rogar con el poder de Dios

Invocar el nombre de Dios dota de carácter sobrenatural a nuestra oración natural. Me gusta decir que al santiguarme estoy rezando con el poder de Dios en vez de con el poder humano, y rezar con el poder de Dios marca una gran diferencia.

Al rezar en el nombre de Dios, estoy conformando mi naturaleza y substancia a su naturaleza y substancia. Esto es lo que Jesús pretendía dar a entender cuando enseñaba que, si pidiéramos algo en su nombre, Él lo concedería. Repitió esta promesa cinco veces durante su despedida a los discípulos la noche antes de morir. Quería dejarnos impresa la tremenda ventaja de la que disponemos al invocar su nombre. Jesús también era consciente de nuestra terquedad y recurría a la repetición para doblegarla. Simplemente, deja que sus palabras calen en tu mente y en tu corazón:

Juan 14, 13-14: «Y lo que pidiereis en mi nombre, eso haré para que sea glorificado el Padre en el Hijo. Si me pidiereis algo en mi nombre, yo lo haré».

Juan 15, 16: «para que cuanto pidiereis al Padre en mi nombre, os lo dé».

Juan 16, 23: «En verdad, en verdad os digo que lo que pidiereis al Padre en mi nombre os lo dará».

Juan 16, 26-27: «En aquel día, pediréis en mi nombre, y no os digo que yo rogaré al Padre por vosotros, puesto que el Padre mismo os ama, porque vosotros me habéis amado a mí y porque habéis creído que yo he salido de parte de Dios».

Jesús no quiere decir que podamos obtener lo que queramos simplemente añadiendo la fórmula «en el nombre de Jesús» a nuestras plegarias. Más bien, nos enseña a poner nuestra voluntad en consonancia con la voluntad de Dios para que queramos lo que Él quiere y nuestra oración se convierta en su oración. Ese es el sentido de la oración que el Señor nos enseñó: «Padre nuestro, que estás en los Cielos, santificado sea tu Nombre. Venga tu Reino; hágase tu voluntad así en la tierra como en el Cielo» (*Mateo* 6, 9-10). Repetimos estas palabras del Padrenuestro cada vez que nos santiguamos.

Por tanto, la señal de la cruz, con su bonito gesto y palabras, declara nuestra decisión de permanecer unidos a Dios y de abrazar su voluntad como la nuestra. De modo que rezar *en el nombre de* la Santísima Trinidad nos asegura que el Señor responderá a nuestras plegarias, porque estaremos aprendiendo a orar por aquello que Él tiene en primer lugar dentro de su corazón.

Después de descubrir las verdades que he expuesto a lo largo de este capítulo, no he vuelto a hacer la señal de la cruz de manera trivial. La hago con reverencia y como un deliberado acto de fe; como una apelación a Dios tal como es, no como yo me lo imagino; y como una invocación de su nombre que me lleva a su presencia y concilia mi voluntad con la suya. Espero que estas verdades te afecten de la misma manera.

4. UNA RENOVACIÓN
DEL BAUTISMO

¿Acaso ignoráis que cuantos hemos sido bauti-
zados en Cristo Jesús, con miras a su muerte hemos
sido bautizados? Hemos sido sepultados, pues, junto
con Él por medio del bautismo con miras a la muerte,
a fin de que, al igual que Cristo fue resucitado de en-
tre los muertos mediante la gloria del Padre, también
nosotros comencemos a caminar en una vida nueva.

Romanos 6, 3-4

Acudimos a la fuente bautismal como al Mar
Rojo. Moisés era el guía en la salvación de Israel;
Cristo ha sido el guía en la redención del género hu-
mano... El ancho mar quedó dividido gracias a un
cayado; la entrada a la fuente bautismal se abre me-
diante la señal de la cruz. Israel se adentra en el mar;
el hombre queda lavado en la fuente bautismal.

San Ildefonso de Toledo (c. 607-667)

No nos avergoncemos de la Cruz de Cristo; si
hay alguno que la lleva oculta, tú debes mostrarla
en público en tu frente, para que los demonios,
al ver la regia señal, temblando, huyan volando
bien lejos. Haz esta señal cuando comas y cuando

bebas, cuando te pongas a descansar, al acostarte,
al levantarte y cuando te pongas a hablar –en una
palabra, en toda ocasión.

San Cirilo de Jerusalén (c. 315-386)

Cada año, un domingo de Cuaresma, millones de católicos son testigos de cómo vuelve a celebrarse una impactante y antigua ceremonia cristiana. Durante la misa de ese día, se presenta ante los feligreses a las mujeres y los hombres que serán bautizados en Pascua. Sus padrinos se colocan delante de ellos y los reclaman para Cristo mediante la señal de la cruz. El rito no se detiene con esa pequeña señal de la cruz que el padrino traza en la frente de su catecúmeno. A continuación, repite el gesto sagrado, santiguando los ojos, oídos, boca, hombros, manos y pies del catecúmeno. Por último, en un fantástico momento culminante, hace la señal de la cruz sobre todo el cuerpo de la persona. Este impresionante acontecimiento me estremece cada vez que lo presencio. Me siento como si me hubiera transportado en el tiempo a una reunión en la Jerusalén del siglo I y estuviera contemplando a la comunidad cristiana primigenia preparando a los catecúmenos para el Bautismo.

Como hemos visto, recibir la marca de Cristo en el Bautismo enseñaba a los primeros cristianos a hacer la señal de la cruz. Y tenían grabada en su mente la conexión entre la señal que recibieron en el bautismo y la señal de la cruz que se hacían como signo de la gracia sacramental que manaba en sus vidas. Por ejemplo, san Cirilo de Jerusalén instruía a los nuevos cristianos para que llevasen con confianza la marca del bautismo en sus personas y para que se santiguaran en toda circunstancia:

> No nos avergoncemos de la Cruz de Cristo; si hay alguno que la lleva oculta, *tú debes mostrarla en público en tu frente*, para que los demonios, al ver la regia señal, temblando, huyan volando bien lejos. *Haz esta señal* cuando comas y cuando bebas, cuando te pongas a descansar, al acostarte, al levantarte y cuando te pongas a hablar –en una palabra, en toda ocasión.

Haremos bien en imitar a nuestros antepasados estableciendo la misma conexión entre nuestro Bautismo y la señal de la cruz. Porque trazar la señal con fe pone en funcionamiento el poder espiritual de nuestro Bautismo. Es algo de lo que hay que hablar.

Tres verdades me ayudan a darme cuenta de hasta qué punto hacer la señal de la cruz me despierta a la energía espiritual que Dios me dio en mi Bautismo. Las comparto contigo ahora, para que también tú puedas experimentar con mayor hondura la bendición y el poder de la cruz. La señal de la cruz me recuerda las siguientes realidades y me abre a sus gracias. En mi Bautismo:

- Me he unido a Cristo en su muerte y he resucitado con Él a una vida nueva y sobrenatural.

- Cristo, mediante su Cruz, me ha liberado de la esclavitud del pecado y de la muerte.

- El Señor me ha marcado con la señal de la cruz como el sello de mi participación en la Nueva Alianza y de mi incorporación al Cuerpo de Cristo.

Piensa en estas cosas conmigo y verás cómo hacer la señal de la cruz nos fortalece y capacita para la vida cristiana cotidiana.

Un signo de la vida sobrenatural

La inmersión en el agua o verter agua sobre la cabeza es la materia del signo sacramental del Bautismo. El símbolo nos habla del poder purificador del agua, y nuestro primer pensamiento al respecto es que Dios la emplea en el Bautismo para limpiar nuestros pecados. Esto es lo que ha enseñado la Iglesia siempre. Sin embargo, lo que los primeros cristianos entendían en relación con este símbolo no era el poder del agua para limpiar, sino su poder para matar. Para los Padres de la Iglesia, nuestra inmersión en agua en el Bautismo era una muerte: nuestra participación en la muerte y resurrección de Cristo.

San Pablo fue el primero en elaborar esta enseñanza, y la expresó de manera muy abierta en su epístola a los Romanos. Escribió: «Cuantos hemos sido bautizados en Cristo Jesús, con miras a su muerte hemos sido bautizados. Hemos sido sepultados, pues, junto con Él por medio del bautismo con miras a la muerte, a fin de que, al igual que Cristo fue resucitado de entre los muertos mediante la gloria del Padre, también nosotros comencemos a caminar en una vida nueva» (*Romanos* 6, 3-4). Los Padres desarrollaron este tema, estableciendo un paralelo entre la liturgia del sacramento y los sucesos de la Crucifixión. Por ejemplo, san Cirilo de Jerusalén explicaba de esta manera el Bautismo a los nuevos cristianos:

Fuisteis conducidos a la sagrada piscina del divino bautismo, igual que Cristo fue llevado desde la Cruz hasta el sepulcro. Allí se os preguntó a cada uno si creíais En el nombre del Padre y del Hijo y del Espíritu Santo. Pronunciasteis la confesión que os lleva a la salvación y tres veces os sumergisteis en el agua y os levantasteis, simbolizando así los tres días de Cristo en la sepultura... Al sumergiros y levantaros, estabais naciendo y muriendo en ese mismo momento. Esa agua de salvación era a la vez para vosotros sepultura y madre.

Debemos aplicar esta verdad al modo como comprendemos la manera en que el Bautismo nos libera del pecado original. Tendemos a pensar en el pecado original como una mancha en nuestras almas heredada de Adán que el agua del Bautismo limpia. Pero san Pablo y los Padres de la Iglesia opinaban de forma diferente. Veían el resultado de la desobediencia de Adán no como una desfiguración de su alma, sino como la trágica pérdida de la vida sobrenatural que Dios le había concedido y planeaba otorgar a toda la raza humana. En el árbol del conocimiento del bien y del mal, Adán desbarató los beneficios que Dios le había conferido, sobre todo, la gracia de formar parte de la vida divina. Por consiguiente, debemos entender el pecado original como una gran privación. Sin embargo, mediante su obediencia en el árbol de la Cruz, Jesús recuperó para nosotros la vida sobrenatural con todos sus beneficios, incluida la capacidad de ver a Dios cara a cara, que será nuestra recompensa en el Cielo. Y al morir y resucitar con Él en nuestro Bautismo, recibimos el don de esa vida sobrenatural que originalmente había perdido Adán. «Así como en Adán todos mueren», dijo san Pablo, «así también en Cristo todos serán vivificados» (*1 Corintios* 15, 22).

Al igual que Dios obra en todos los sacramentos, Él permite que el signo del Bautismo logre lo que significa. Él deja que el agua efectúe nuestra participación en la muerte y resurrección de Cristo. Aunque hacer la señal de la cruz nos recuerde nuestro Bautismo, el gesto en sí no posee ningún poder sacramental. Pero trazar la cruz en nuestros cuerpos y repetir la fórmula del Bautismo («En el nombre del Padre ...») expresa nuestra fe y nos abre a todos los beneficios de la nueva vida que Cristo ganó para nosotros.

Un signo de nuestra libertad espiritual

Los primeros escritores cristianos consideraban la liberación de Israel de la esclavitud en Egipto, a través del Mar Rojo, como una prefiguración de la liberación de la esclavitud del pecado y de la muerte en nuestro Bautismo. Veían en el cayado de Moisés una muestra de la Cruz de Cristo. «Acudimos a la fuente bautismal como al Mar Rojo», dijo Ildefonso de Toledo, uno de los santos más queridos de España. Y añadía:

Los egipcios perseguían a los israelitas; el pecado nos perseguía a nosotros. El mar se tiñó con el rojo de su orilla; el bautismo se consagra con la sangre de Cristo. El ancho mar quedó dividido gracias a un cayado; la entrada a la fuente bautismal se abre mediante la señal de la cruz. Israel se adentra en el mar; el hombre queda lavado en la fuente bautismal... Los hostigadores egipcios perecen ahogados con el faraón; los pecados quedan destruidos mediante el bautismo junto con el diablo en una destrucción no de vida, sino de poder.

Creemos que el Bautismo nos libera del pecado y de la muerte, y hacer la señal de la cruz puede desempeñar un papel muy conveniente en la aplicación de esta verdad en nuestras vidas. Santiguarnos nos puede ayudar a experimentar nuestra libertad espiritual. Veamos qué puede hacer para mantenernos libres del pecado y de sus consecuencias.

En su carta a los Romanos, Pablo sugiere que no basta con darse cuenta de que por el Bautismo estamos muertos al pecado. Escuchemos lo que dice:

Sabemos que nuestro hombre viejo ha sido crucificado con Él, para que el cuerpo del pecado quedara destruido y así dejáramos de estar esclavizados al pecado... De igual modo, también vosotros habéis de *consideraros* muertos al pecado y vivos para Dios en Cristo Jesús. Que, por tanto, no reine el pecado en vuestro cuerpo mortal y así prestéis obediencia a vuestras pasiones. No *ofrezcáis* vuestros miembros al pecado como instrumentos de iniquidad, sino más bien *ofreceos vosotros mismos a Dios* como quienes, tras estar muertos, vuelven a estar vivos, y vuestros miembros a Dios como instrumentos de justicia (*Romanos* 6, 6. 11-13, la cursiva es mía).

Podemos *saber* que hemos muerto al pecado, pero si no logramos comportarnos conforme a lo que conocemos, podemos seguir sucumbiendo al pecado. Pablo insiste en que debemos mantenernos en la verdad, debemos «considerarnos muertos al pecado y vivos para Dios». Lo cual significa que debemos pensar en esta consideración, no dejar de recordarla, hacer que ocupe sitio en la cabeza, darle vueltas, meditarla, ponderarla, tenerla en cuenta, y así una y otra vez.

San Pablo llega a insistir en que debemos negarnos a ceder ante el pecado y que debemos decidir entregarnos a Dios. Eso significa que no debemos consentir, rendirnos, flaquear, someternos o dejarnos vencer por el pecado, sino ceder, rendirnos, someternos y entregarnos a Dios.

Eso es lo que estamos haciendo cuando nos santiguamos. Persignarnos es una forma de considerarnos muertos al pecado y vivos para Dios. Es un medio efectivo a la hora de negarnos a ceder ante el pecado y consentir entregarnos a Dios. Así que, cuando la tentación llama a nuestra puerta, la señal de la cruz es la mejor manera de hacerle saber que «no hay nadie en casa». Como dice san Pablo, «el que ha muerto queda absuelto del pecado» (*Romanos* 6, 7).

Un signo de pertenencia a la Iglesia

Las Escrituras bosquejan un paralelismo entre la circuncisión y el Bautismo. San Pablo, por ejemplo, hablaba sobre el Bautismo en estos términos: «En Él [Cristo] habéis sido también circuncidados, mediante una circuncisión no realizada por mano humana, sino mediante el completo despojo de vuestro cuerpo carnal, mediante la circuncisión en Cristo» (*Colosenses* 2, 11). Así como el rito de la circuncisión sellaba, en el Antiguo Testamento, la alianza de Dios con su pueblo para integrar a sus hijos en Israel, el Bautismo sella la Nueva Alianza de Dios con nosotros y nos incorpora al nuevo Israel, la Iglesia. Y así como la circuncisión marcaba el cuerpo como un signo de participación en la Antigua Alianza, el Bautismo nos marca mediante una señal de nuestra participación en la Nueva Alianza: la señal de la cruz.

En el Bautismo, el celebrante, el padrino y los padres (si el que va a ser bautizado es un bebé) sellan nuestra unión con Dios y nuestra condición de miembros del Cuerpo de Cristo marcando nuestros cuerpos con la señal de la cruz. Dios sella nuestros espíritus para marcar esta pertenencia. San Pablo, hablando otra vez sobre el Bautismo, dice: «Habéis quedado sellados con el Espíritu Santo» (*Efesios* 1, 13). Y el Bautismo es la puerta de entrada para que celebremos todos los demás sacramentos, porque mientras no estemos sellados por el Espíritu Santo, no tenemos acceso a los beneficios espirituales de los sacramentos. Cuando trazamos la cruz sobre nuestros cuerpos, reconocemos lo que el Bautismo ha logrado para nosotros. Anuncia nuestra participación en la Nueva Alianza y nuestra incorporación a la Iglesia.

Los primeros cristianos trazaban la cruz en sus frentes para recordarse a sí mismos que, mediante el Bautismo, vivían una vida sobrenatural en el Cuerpo de Cristo. La marca externa expresaba una gracia interior, la presencia de Dios mismo. En la actualidad sigue funcionando para nosotros de igual manera. Cada vez que trazamos la cruz sobre nuestro pecho, renovamos nuestro Bautismo pidiendo al Señor que reverdezca nuestra vida en el Espíritu Santo. Te recomiendo que te santigües siendo consciente de lo que estás haciendo. Santíguate y, mientras recitas las palabras que te consagraron al Señor en el Bautismo, pídele que fortalezca tu unión con Él y que te colme con una nueva efusión del Espíritu Santo. ¿Se te ocurre una manera más fácil de infundir la gracia del sacramento en tu vida? ¿Se te ocurre una manera más sencilla de recibir plenamente el poder espiritual que el Señor ha puesto a tu disposición? A mí no se me ocurre. Al trazar la señal de la cruz sobre nuestro cuerpo, debemos recordar el torrente de gracia que fluyó en nosotros en el Bautismo.

Un sencillo gesto que realizamos continuamente resume las verdades de este capítulo. Cada vez que entramos a una iglesia antes de la misa, mojamos nuestros dedos en agua bendita y nos santiguamos. Hemos de ser conscientes del significado de este gesto. Porque mediante ese signo nos estamos recordando a nosotros mismos que hemos sido bautizados; que hemos muerto con Cristo y que hemos resucitado a una nueva vida con Él; que la Cruz nos ha liberado del pecado y de la muerte; que somos miembros del Cuerpo de Cristo; y que marcados por la señal de la cruz estamos acreditados para participar en la Sagrada Eucaristía, el principal de los sacramentos, y a ofrecer con el Señor su perfecto sacrificio.

Jesús estableció el Bautismo como un manantial de nueva vida para aquellos a quienes Él había llamado a convertirse en sus discípulos; y en el siguiente capítulo vamos a considerar la conexión que hay entre la señal de la cruz y seguir a Jesús. Vas a notar que a partir de este punto las cosas se ponen más difíciles. Santiguarse conlleva dar pasos en un seguimiento que implica decisiones complicadas. Sus exigencias son costosas, pero ofrece grandes recompensas espirituales.

5. UNA MARCA DE DISCÍPULO

Y decía a todos: «Si alguno quiere venir en pos
de mí, niéguese a sí mismo, cargue con
su cruz cada día y sígame».

Lucas 9, 23

Tan pronto como el Redentor nos devolvió a
nuestra libertad, nos marcó con su signo, la señal
de la cruz. Así, llevamos en nuestra frente el mismo
signo que está grabado en las puertas de los pala-
cios. El Conquistador lo coloca allí para que todos
sepan que ha vuelto a tomar posesión de nosotros, y
que somos sus palacios, sus templos vivientes.

San Cesáreo de Arlés (470-542)

Gracias te doy, mi Señor Jesucristo, por todos
los beneficios que me has concedido, por todos los
dolores e insultos que has soportado por mí. ¡Oh, mi
más misericordioso redentor, amigo y hermano!, que
pueda yo conocerte con mayor nitidez, amarte con
mayor ternura y seguirte más de cerca, día tras día.

San Ricardo de Chichester (1197-1253)

Santiguarse es una declaración pública de que
soy cristiano. Estoy diciendo a todos que soy un
seguidor de Cristo. Esto es un asunto serio, dado

lo que Cristo exige de todos sus discípulos. «Si alguno quiere venir en pos de mí», dijo, «niéguese a sí mismo, cargue con su cruz cada día y sígame». Y añadía: «Porque el que quisiere salvar su vida, la perderá; pero el que perdiere su vida por mí, la salvará» (*Lucas* 9, 23-24).

Si pensamos que estamos siguiendo a un Jesús manso y sosegado que nos hará las cosas fáciles, deberíamos volver a darle una pensada. Lo seguimos a un alto precio, pero Él nos recompensa con mayores beneficios. El misionero evangélico Oswald Chambers (1874-1917) decía que el Señor nos llama a dar nuestro «máximo para su mayor gloria». Eso es lo que estamos prometiendo cuando nos santiguamos. Así que no nos atrevemos a hacer la señal de la cruz de manera espontánea o distraída.

Señalar nuestra negación de uno mismo

Jesús dijo que sus seguidores deben negarse a sí mismos. Solemos asumir que esta obligación significa que el Señor nos exige cumplir el tipo de ayuno que practicamos durante la Cuaresma. En ese tiempo litúrgico, nos abstenemos de comer carne, renunciamos a los dulces o postres, evitamos meriendas, no picoteamos. Jesús seguramente tuviera en mente ese tipo de ayuno cuando nos emplazaba a negarnos a nosotros mismos. Predijo que sus seguidores ayunarían cuando Él ya no estuviera, y prescribió que ayunáramos en secreto (ver *Mateo* 6, 16-18; 9, 15). Nos enseñó a renunciar a nuestros apegos egoístas a las cosas buenas de la tierra, como una manera de anticipar las mejores cosas del Cielo.

Pero cuando Jesús dijo que sus seguidores debían negarse a sí mismos, estaba también queriendo decir algo más. Algo más profundo. Estaba instaurando los términos en los que se iba a relacionar con nosotros; Él como maestro, y nosotros como sus discípulos. Como condición para aceptarnos como seguidores, Jesús nos reclama que le otorguemos el control de nuestras vidas. De esa forma, Jesús, nuestro Señor y maestro, estaba siguiendo la práctica de los rabinos judíos de su época que exigían la total sumisión de sus discípulos. Este es el auténtico significado de la negación de sí mismo: Jesús espera que *neguemos* que nos pertenecemos a nosotros mismos y que *declaremos* que le pertenecemos a Él.

Los Padres de la Iglesia enseñaban que este cambio de propiedad sucede en nuestro Bautismo cuando el celebrante nos marca con la señal de la cruz. Empleaban la palabra griega *sfragís* para referirse tanto al sello bautismal como a la señal de la cruz, un término cargado de significado sobre la condición del discípulo.

En el mundo antiguo, una *sfragís* era una señal de propiedad que una persona colocaba en sus posesiones. Por ejemplo, un pastor identificaba a sus ovejas como propiedad suya con una marca que él llamaba *sfragís*. Y los generales romanos alistaban a los nuevos reclutas tatuando una *sfragís* en sus antebrazos, habitualmente una forma abreviada de su mismo nombre. La *sfragís* no solo era una declaración de propiedad. También acarreaba beneficios a aquellos que llevaban su marca. Un pastor cuidaba y criaba a aquellas ovejas que tuvieran su marca. El general aseguraba lealtad y apoyo a los soldados que lucieran su insignia.

Los Padres de la Iglesia tomaron prestada la antigua costumbre de marcar ovejas y soldados para explicar cómo Cristo, mediate el Bautismo, nos reclama como propiedad suya. Enseñaban que Cristo usó la señal de la cruz para incorporar a los nuevos creyentes en su rebaño. Por ejemplo, san Cirilo de Jerusalén, dirigiéndose a los catecúmenos, los invitaba con estas palabras: «Venid, recibid el sello sacramental para que podáis ser fácilmente reconocidos por el Maestro. Formad parte del número del santo y espiritual rebaño de Cristo, para que podáis sentaros a su derecha y heredar la vida preparada para vosotros».

Los Padres también enseñaban que, de igual modo que la marca del pastor protegía a sus ovejas del peligro, así la señal de la cruz nos defiende de nuestros enemigos espirituales. Decía san Gregorio Nacianceno (c. 329-390):

Si te robusteces mediante la *sfragís*, y te dotas de seguridad de cara al futuro gracias al mejor y más sólido de todos los auxilios, al quedar sellado tanto en cuerpo como en alma mediante la unción... ¿qué puede, pues, sucederte, y qué puede cernirse sobre ti?... Esto, incluso mientras vives, va a contribuir enormemente a tu sensación de seguridad. Porque una oveja que está sellada no cae fácil en la trampa, pero aquella que no está marcada es una presa fácil para los ladrones.

Para los Padres, la marca que el general ponía a los soldados con su nombre resultaba de mayor utilidad aún a la hora de explicar cómo Cristo toma posesión de nosotros mediante la señal de la cruz. Cuando los reclutas se alistaban en el ejército romano, participaban en una ceremonia religiosa durante la cual prestaban un juramento de lealtad llamado *sacramentum*. Entonces, un general los marcaba como propiedad suya mediante su *sfragís*. Los Padres veían un paralelismo entre esta ceremonia y el Bautismo. Al comienzo de la Cuaresma, la Iglesia consignaba a los nuevos creyentes por medio de una ceremonia formal en la que firmaban un registro que los inscribía para el Bautismo en Pascua. Durante la

Vigilia Pascual, los catecúmenos declaraban su juramento de lealtad a Cristo profesando fe en Él —los Padres debían de tener en mente este *sacramento* cristiano cuando escogieron este nombre para los *sacramentos* católicos. En ese momento, por manos del ministro que celebraba, Cristo marcaba sus cuerpos y almas como propiedades suyas mediante su *sfragís*, la señal de la cruz, que es el sello bautismal. San Cirilo ponía estas palabras en boca del Señor: «Después de mi batalla en la Cruz, he conferido a cada uno de mis soldados el derecho a portar en su frente el *sfragís* regio».

Por tanto, la señal de la cruz dice mucho acerca de mi relación con el Señor. Al trazar la señal de la cruz sobre mi cuerpo, estoy declarando que:

- Soy su discípulo.

- Ya no me pertenezco a mí mismo, sino que le pertenezco a Él.

- He sido incorporado a su rebaño, en cuanto que llevo en mi persona la marca de su propiedad.

- Me he alistado como soldado de su ejército, y con orgullo porto su nombre en mi frent.

- Cuento con Él gracias a su lealtad y protección.

El reconocimiento de que somos propiedad del Señor

Sería fantástico que nos comportásemos como si de verdad creyéramos que pertenecemos al Señor. Pero no es así. Olvidamos con facilidad que nos hemos confiado a Él, y a menudo nos conducimos como si en realidad todo nos perteneciera a nosotros.

Debemos superar aquello que nos lleve a creer que todo nos pertenece a nosotros. Desde que somos pequeñajos, aprendemos a decir «mío», y vamos empleando el adjetivo posesivo con carácter general, desde «mi manta» y «mi perrito» hasta «mi cuerpo, mi tiempo y mi vida» e incluso «mi Dios». Pero a poco que lo consideremos con calma, nos daremos cuenta de lo errada que resulta esta actitud.

Si un chiquillo cree que es dueño de la manta que su madre ha estado cosiendo para él y del terrier que su padre le ha comprado, podemos perdonárselo. Sin embargo, deberíamos distanciarnos de la noción de que somos dueños de los cuerpos, el tiempo y la vida que Dios nos da. Piénsalo. Llegamos a esta vida dentro un cuerpo y lo dejamos en momentos que elige Dios sin nuestro consentimiento. No tenemos control sobre el tiempo ni sobre la vida, que son regalos que Dios constantemente nos va dando. «¿Quién de vosotros, por muchas vueltas que le dé, puede añadirle a la duración de su vida un palmo?», preguntaba Jesús (*Lucas* 12, 25). Por eso, cometemos un error tremendo, si invertimos el auténtico orden de la realidad y nos atrevemos a actuar como si la expresión «mi Dios» significara algo así como «mi perrito» en lugar de «el Dios a quien yo adoro».

La señal de la cruz nos ayuda a asumir esta mirada. Santiguarnos con frecuencia nos recuerda que hemos de tener en cuenta que somos posesión del Señor. Nos dispone a comportarnos como si creyéramos que es así. A veces me santiguo, diciendo: «Señor, reconozco que eres dueño de mí y de todo cuanto soy». Luego me vuelvo a persignar, añadiendo: «Señor, sé que mi cuerpo, mi tiempo y mi vida en realidad te pertenecen a Ti, no a mí». Y una tercera vez, diciendo: «Señor, Tú eres mi Dios, el Dios a quien adoro con todo cuanto tengo y soy». Recomiendo esta norma de piedad. Te animo a que, mientras te santiguas, vayas reconociendo con tus propias palabras que el Señor es el dueño de tu cuerpo, de tu tiempo y de tu vida: admites que tú eres propiedad suya.

Plantearse este cambio de propiedad puede parecerte al principio algo cargante y penoso. Ninguno de nosotros se siente bien al entregar el control sobre nuestro tiempo, nuestros cuerpos y nuestras vidas. Pero pronto vas a descubrir que reconocer que eres propiedad de Cristo te libera de tus cargas y de tus dolores. Confiarte al Señor supone un sosiego para tu preocupación y te permite acoger su cariño. Eso es precisamente lo que Jesús prometió cuando decía: «Llevad mi yugo sobre vosotros y aprended de mí, que soy manso y humilde de corazón, y *hallaréis alivio para vuestras almas*. Pues mi yugo es suave, y mi carga es ligera» (*Mateo* 11, 29-30; la cursiva es mía).

Seguir a Jesús

Negarse a sí mismo es la primera condición que el Señor plantea a sus futuros discípulos. Pero Jesús pide dos cosas más. Los discípulos deben tomar su cruz de cada día. Y, además, deben seguirlo. En el siguiente capítulo vamos a considerar lo que supone llevar nuestra cruz de cada día. Ahora vamos a hablar sobre el cometido que la señal de la cruz desempeña en nuestro seguimiento de Jesús.

Un discípulo sigue a Jesús abrazando sus enseñanzas y obedeciendo sus mandamientos. Al hacer la señal de la cruz estamos diciendo que aceptamos estas exigencias que requiere ser discípulo. Supone un gran compromiso y, para mantenerlo, hemos de comprender todo cuanto conlleva.

Abrazar las enseñanzas de Cristo

El limitado alcance al que puede llegar este modesto libro me impide sintetizar las enseñanzas del

Señor. No obstante, puedo encaminar a los lectores hacia la dirección adecuada. Las enseñanzas de Cristo las encontramos en la Biblia, en la doctrina de la Iglesia y en libros de teología. El lugar por el que hay que comenzar son los Evangelios, sobre todo, los sermones más extensos de Jesús: el Sermón de la montaña (cfr. *Mateo* 5-7) y su sermón de despedida en la Última Cena (cfr. *Juan* 13, 31-17, 26). Después, querrás explorar sus enseñanzas en los demás libros del Nuevo Testamento y el resto de la Biblia.

El Señor hizo de la Iglesia la custodia de sus enseñanzas; el meollo de estas enseñanzas lo vas a descubrir en el *Catecismo de la Iglesia Católica* y en los documentos del Concilio Vaticano II. De entre los abundantes y excelentes libros de teología para todos los públicos que resumen la doctrina de Cristo y reflexionan sobre sus enseñanzas, recomiendo mis dos favoritos: *Teología y sensatez*, de Frank J. Sheed, y *La mirada católica*, de Edward D. O'Connor.

No estudiamos las enseñanzas de Cristo para estar mejor informados, sino para recibir la verdad y aplicarla en nuestras vidas. Así que, al leer las Sagradas Escrituras, el Catecismo y la teología, debemos hacernos preguntas como: «¿Qué me está diciendo el Señor aquí?»; «¿Qué significa esto para mí?» y «¿Qué debo hacer al respecto?». Se trata de simple sentido común que comencemos nuestro estudio haciendo la señal de la cruz, para que nos acerquemos a las enseñanzas del Señor invocando su nombre.

Cuando nos santiguamos En el nombre del Padre y del Hijo y del Espíritu Santo, estamos expresando nuestro deseo de conocer toda la verdad que Dios ha revelado acerca de la creación, la redención y la vida espiritual. Sin esta perspectiva de inspiración divina, decía F. J. Sheed, estamos condenados a una visión estrecha y delirante de la realidad. Si no asimilamos las verdades que el Señor ha revelado —la mayoría de las cuales son espirituales, invisibles e inaccesibles a los sentidos—, estamos técnicamente chalados, en tanto que nos hallamos desconectados de la parte más importante de la realidad. Por tanto, aconsejo a los discípulos que se santigüen como si estuviesen suplicando al Señor que les concediera su sabiduría y la salud mental y espiritual que proviene de observar las cosas con sus ojos.

Obedecer los Mandamientos de Cristo

Al leer los Evangelios, caemos en la cuenta de que Jesús no solo reafirmaba los Diez Mandamientos, sino que los estaba elevando a un nivel superior de santidad. Por eso dijo: «No os penséis que he venido a abolir la Ley o los Profetas; no he venido a abolirlos, sino a darles plenitud» (*Mateo* 5, 17). Nos enseñó que los Diez Mandamientos se resumen en dos grandes mandamientos: «Amarás al Señor tu Dios con todo tu corazón, con toda tu alma y con toda tu mente» y «Amarás a tu prójimo como a ti mismo» (*Mateo* 22, 37.39). También nos dio una serie de mandamientos más específicos, como «amad a vuestros enemigos» (*Mateo* 5, 44), «no acumuléis tesoros en la tierra» (*Mateo* 6, 19) y «no juzguéis» (*Mateo* 7, 1).

No debemos dejar de prestar atención a ninguno de estos mandamientos, sino que, como buenos discípulos, debemos examinar hasta qué punto estamos obedeciendo cada uno de ellos. Me resulta de ayuda hacerme la siguiente pregunta: ¿Qué cosa, en concreto, es lo que puedo hacer para obedecer más plenamente este mandamiento de Cristo? Cuando estamos tratando de averiguar cómo dar respuesta a un mandamiento, santiguarnos puede ayudar, porque nos recuerda que la obediencia del propio Cristo lo llevó a la Cruz. Es una señal de nuestra disposición a crucificar nuestra comodidad, nuestras preferencias, nuestra terquedad, o sea lo que sea que suponga un obstáculo en el seguimiento a la obediencia a Jesús.

Justo antes de morir, Jesús nos dio el mandamiento de «amaos los unos a los otros, como yo os he amado. Nadie tiene mayor amor que el que da la vida por sus amigos» (*Juan* 15, 12-13). San Juan explica la centralidad de obedecer el mandamiento de Jesús en su primera carta: «Quien no ama no ha conocido a Dios, porque Dios es amor… Si nos amamos unos a otros, Dios vive en nosotros y su amor llega a su perfección en nosotros… Quien no ama a su hermano, a quien ha visto, no puede amar a Dios, a quien no ha visto» (*1 Juan* 4, 8. 12.20). Creo que, cuando nos santiguamos, estamos expresando nuestra decisión de obedecer este mandamiento de nuestro Señor. Trazo el tronco vertical de la cruz desde mi cabeza hasta mi pecho para hacer voto de mi amor por Dios, y el madero horizontal a través de mis hombros para hacer voto de mi amor por los demás. El gesto está diciendo que entrego mi vida por los demás como signo de mi amor por Dios.

6. UNA ACEPTACIÓN
DEL SUFRIMIENTO

*En el mundo soportaréis tribulación, pero tened
confianza: yo he vencido al mundo.*

Juan 16, 33

*Ten misericordia de mí, oh Dios, ten misericor-
dia de mí, porque mi alma se ha confiado a Ti; bajo
la sombra de tus alas cifraré mi esperanza, hasta
que pase de largo la iniquidad.*

Salmo 57, 1 (56, 1)

*En su agonía, Cristo extendió sus manos y dio
la medida del mundo, para que incluso entonces
pudiera mostrar que una gran multitud, congregada
de entre todas las lenguas y naciones, desde el alba
hasta el ocaso, estaba a punto de quedar bajo sus
alas y recibir en sus frentes esa gran y excelsa señal.*

Lactancio (c. 240-c. 320)

Estamos tentados de creer que, con solo ser
buenos cristianos, podemos evitar el sufrimiento.
Imaginamos que la promesa de bendición de Dios
significa que nos va a evitar todo dolor. Pero no es
así como funciona. Jesús hizo del sufrimiento una
parte normal de la vida cristiana. Les prometió a

sus discípulos múltiples bendiciones, pero precisamente arremolinado en mitad de todo lo bueno que podíamos esperarnos, también prometió sufrimiento: «No hay nadie que, habiendo dejado hogar, o hermanos, o hermanas, o padre, o madre, o hijos o tierras por mi causa y por causa del Evangelio, que no reciba ahora en esta vida el ciento por uno en hogares, hermanos, hermanas, madres, hijos y tierras –*junto con persecuciones*– y, en el mundo venidero, la vida eterna» (*Marcos* 10, 29-30; la cursiva es mía). Por tanto, el sufrimiento no es una opción para los cristianos. Es una garantía.

En su raíz, la palabra *sufrimiento* significa soportar dolor o angustia, aguantar pérdidas o daños, quedar sujeto a una discapacidad o impedimento, y, en última instancia, rendirse a la muerte. Nos llega en todas las formas. Las molestias nos frustran a diario. Los fracasos reiterados nos desaniman. Las facturas que no podemos pagar nos agobian. Una relación que está viniéndose abajo nos atormenta. La depresión nos derrota. La violencia nos hiere a nosotros o a un ser querido. La enfermedad nos devasta a nosotros o a un familiar. El sufrimiento nos aflige a todos: es de talla única y a todo el mundo le sienta igual.

Jesús no solo prometió sufrimiento; hizo que abrazarlo cada día fuese un requisito para todos sus seguidores: «Entonces les decía a todos: "Si alguno quiere venir en pos de mí, niéguese a sí mismo, cargue con su cruz cada día y sígame"» (*Lucas* 9, 23). Al santiguarnos, estamos proclamando nuestro sí a esta circunstancia que implica ser discípulo. Cuando nos signamos, estamos «cargando con nuestra cruz» y aceptando cualquier sufrimiento que nos ocurra. Gracias a ese antiguo gesto, estamos diciendo que consentimos nuestro sufrimiento según los términos de Dios. Aunque preferiríamos no tener que soportar el dolor, estamos subordinando nuestra voluntad a Dios, tal como Jesús subordinó su voluntad a la de su Padre al entregarse a la Cruz. Así que trazar la cruz de Cristo sobre nuestros cuerpos es algo serio. Nunca debemos santiguarnos a la ligera.

Seguridad bajo la sombra de sus alas

Los cristianos, a la hora de procurar consuelo a quienes sufren, solemos aludir a los beneficios del sufrimiento. Decimos: «El sufrimiento forja el carácter». «No me interesa el carácter», responde la persona que sufre; «lo que quiero es alivio». Entonces surge la inevitable pregunta: «¿Dónde está Dios cuando duele?».

El misterio de la Cruz contiene la respuesta. Y hacer la señal de la cruz en nuestros cuerpos nos abre a escucharla. Voy a intentar explicarlo mediante una historia.

A los veintitrés años, Abby sentía que su vida era una ruina. Durante tres de sus primeros años de adolescencia, un tío había abusado sexualmente de ella. En aquella época, la furia y la depresión la dominaban. Le costaba horrores pasar el día, y por la noche lloraba hasta quedarse dormida. Había probado terapia y medicación, pero nada le servía de ayuda. Un día, una amiga apremió a Abby a consultar al Padre Dan, un sacerdote tremendamente respetado como director espiritual. Después de algunas visitas para «conocerse mejor», ella había depositado en el sacerdote la suficiente confianza como para confesarle su terrible secreto. «¿Dónde estaba Dios, cuando mi tío estaba abusando de mí?», preguntó.

«¿Por qué no le preguntas a Dios?», dijo el Padre Dan. A continuación, invitó a Abby a tomarse un tiempo para rezar en silencio en su capilla y recordar una de las ocasiones en que su tío la había estado forzando. El Padre Dan le propuso a Abby que le planteara su pregunta al Señor y escuchara su respuesta. Al cabo de media hora, Abby salió de la capilla llorando a lágrima viva. «Bueno», preguntó el Padre Dan, «¿qué ha pasado? ¿Dios ha respondido a tu pregunta?».

«Sí», dijo Abby. Sonrió a través de sus lágrimas. «En mi mente veía a Jesús en la habitación conmigo mientras mi tío me estaba haciendo daño. Jesús lloraba a mares. Él estaba a mi lado todo el tiempo».

Dios viene para quedarse a nuestro lado cuando sufrimos. Él comparte nuestro dolor, nos sostiene y nos consuela. Ese es el mensaje de la Cruz: el Hijo único de Dios se hizo hombre en Cristo. En su naturaleza humana, Dios mismo sufrió rechazo, humillación, escarnio, abandono, golpes, azotes, crucifixión y muerte. Él abrazó el sufrimiento para poder consolarnos en nuestro sufrimiento.

Al santiguarnos, estamos invitando al Señor a unirse a nosotros en nuestro sufrimiento. Tocamos nuestra frente y bajamos hasta nuestro pecho, diciéndole al Señor con este gesto que queremos que se incline hacia nosotros. Luego cruzamos nuestros hombros mediante un movimiento que le pide que nos apoye —que cargue con nuestro peso— en nuestro sufrimiento. Como el salmista que buscaba refugio bajo la sombra de las alas del Señor, nosotros nos santiguamos buscando refugio bajo la sombra de sus brazos extendidos en la Cruz (ver *Salmos* 17, 8; 36, 7; 57, 1; 61, 4; 63, 7). Los brazos extendidos del Señor son la garantía y prenda de que Él comprende nuestro sufrimiento y lo comparte con nosotros.

Así como los Salmos columbraban la gracia de la Crucifixión de Cristo, el libro del Antiguo Testamento del Deuteronomio proporcionaba otra prefiguración de la Cruz como un lugar de refugio. En sus palabras de despedida, Moisés parece que está describiendo la silueta de la cruz a lo lejos. Aseguró a Israel que los brazos del Señor sostendrían al pueblo judío a través de todas sus tribulaciones: «Tu refugio es el Dios de antiguo y se halla bajo el vigor de sus brazos eternos» (*Deuteronomio* 33, 27). Aquí vemos con claridad cómo la Cruz es la señal de que sus brazos eternos nos sostienen a través de nuestras tribulaciones.

Compartir el sufrimiento de Cristo

En su *Carta a los Colosenses*, san Pablo afirma que nosotros suplimos en nuestros cuerpos lo que falta en el sufrimiento de Cristo. ¿Qué es lo que podría faltar, nos preguntamos, en el supremo sacrificio del Señor? En la Cruz realizó una ofrenda perfecta que nos redimió del pecado y nos reconcilió con Dios. «Consumado está», fueron las últimas palabras de Jesús antes de morir (*Juan* 19, 30).

Pero, después de que Jesús había completado su gran misión, todavía tenía asuntos pendientes con nosotros. Pablo dice que Cristo tenía que soportar más sufrimientos por su Iglesia: «Me gozo en los padecimientos que he sufrido por vosotros, y en mi propia carne compenso cuanto le faltaba soportar a Cristo por el bien de su cuerpo, que es la Iglesia» (*Colosenses* 1, 24). El «Cristo» del que está hablando Pablo en este pasaje no es meramente el Jesús del siglo I, sino Cristo tal como es ahora: el Cristo corporativo, el Cuerpo de Cristo, la Iglesia. Cristo con el Cuerpo que Él guía debe continuar aguantando ásperas dificultades y, como miembros de su Cuerpo, tenemos el privilegio de unirnos a Él en su sufrimiento. En este sentido, podemos llegar a completar en nuestros cuerpos lo que faltaba en el sufrimiento de Cristo.

Nos enfrentamos con adversidades todos los días, porque estamos comprometidos con Cristo en su combate espiritual por el bien de la Iglesia. Perdemos fácilmente de vista esta realidad y vemos nuestros defectos y problemas y tragedias como trastornos, mala suerte, accidentes calamitosos, o «simplemente, así son las cosas». Sin embargo, desde el primer momento, Jesús iba llamando a sus seguidores para que se unieran a Él en la guerra contra las fuerzas enemigas que se resisten a su empeño por llevar a los hombres y mujeres a su Reino. Tal como nos dice san Pablo, «a vosotros se os ha concedido, por Cristo, que no solo pudierais creer en Él, sino también que padecierais por Él, participando en el mismo combate como el que habéis visto en mí y que ahora escucháis que hay en mí» (*Filipenses* 1, 29-30).

Nuestra paciencia al soportar las contrariedades puede por sí misma contribuir a la obra de Cristo en beneficio de la Iglesia. Puede convertirse en una plegaria que afecte a la vida de los demás. Elisabeth Leseur (1866-1914), que se halla en causa de canonización y que padeció cáncer, enseñaba que nuestro sufrimiento puede convertirse en una oportunidad de gracia para los demás:

Sé todo cuanto significa el sufrimiento, el delicado y misterioso poder que posee, lo que obtiene y lo que logra. Después de todo, nuestra labor es de poca importancia. Cuando la Providencia prefiere operar mediante el sufrimiento, no deberíamos quejarnos. Así podemos estar seguros de que la tarea se llevará a cabo correctamente y no se mezclará con toda la miseria de egocentrismo y de orgullo que a veces estropea tanto de nuestra aparente labor. Sé por experiencia que, en momentos de prueba, se obtienen para otros ciertas gracias que todos nuestros esfuerzos previos no habían alcanzado. He llegado, por tanto, a la conclusión de que el sufrimiento es la forma más elevada de acción, la mejor expresión en la maravillosa comunión de los santos. En el sufrimiento estamos seguros de no cometer errores, seguros de que somos útiles a los demás y a las grandes causas a las que anhelamos servir.

Los estoicos decían: «El sufrimiento no es nada». Se equivocaban. Iluminados por una luz más clara, nosotros los cristianos decimos: «¡El sufrimiento lo es todo!». Lo exige, lo consigue todo. Mediante el sufrimiento, Dios consiente en lograrlo todo. El sufrimiento ayuda a Cristo a salvar el mundo y las almas. Cuando estoy abrumada por la inmensidad de mis anhelos por aquellos a quienes quiero... es hacia el sufrimiento hacia donde me vuelvo. Es a través del sufrimiento como pido que se me permita servir como intermediaria entre Dios y las almas. Es la forma perfecta de plegaria, la única forma infalible de acción... A través de la cruz hacia la Luz.

Tras la muerte de Elisabeth en 1914, su esposo Felix, que era ateo, se puso a leer sus diarios, y descubrió que ella había ofrecido por él años de enorme sufrimiento. A Felix le conmovió tanto, que no solo abrazó a Cristo, sino que además se convirtió en sacerdote dominico, y viajó por toda Europa hablando sobre los escritos espirituales de su esposa.

Un enfoque correcto y saludable del sufrimiento se reduce a esto: Cristo ganó la guerra por nuestra salvación en la Cruz, pero nos ha comprometido en la incorporación de su victoria a nuestra vida diaria. Nos ha reclutado como colaboradores en su esfuerzo por atraer a las personas a su Iglesia y defenderla, y nuestra colaboración con Él nos abre al sufrimiento. Tal como dijo una vez san Ambrosio —al explicar por qué a los malvados les va bien—, la tribulación alcanza únicamente a aquellos que están en camino hacia la gloria. Hacer la señal de

la cruz sobre nuestros cuerpos es un sí a la batalla
y un sí a aceptar las privaciones en tanto que es
nuestra parte en el sufrimiento de Cristo.

7. UNA DEFENSA
CONTRA EL DIABLO

*Este fue el propósito de la aparición del Hijo de
Dios: deshacer las obras del diablo.*

1 Juan 3, 8

*Hagamos con determinación la señal de la cruz
en nuestras frentes con nuestros dedos, y en toda
ocasión: sobre el pan que comemos, y las copas que
bebemos... cuando nos acostemos y cuando nos
levantemos... Es una gran protección —gratuita en
atención a los pobres, y no cuesta esfuerzo en atención a los enfermos—, y su gracia es un don de Dios.
Es la señal que distingue a los fieles y que infunde
terror a los demonios, pues, cuando ven la Cruz, se
acuerdan del Crucificado, y temen a quien aplastó
las cabezas del Dragón.*

San Cirilo de Jerusalén (c. 315-386)

*La señal de la cruz es el símbolo de nuestra sal-
vación, el signo de la liberación de todo el género
humano, el recuerdo de la paciente mansedumbre
del Señor. Cuando te santigües, recuerda cuál ha
sido el precio tu rescate, y no serás esclavo de nadie.
Santíguate, pues, no solo con tus dedos, sino con tu
fe. De modo que, si lo grabas en tu frente, ningún*

espíritu impuro se atreverá a presentarse ante ti.
Verá el filo de la espada con que ha sido herido, la
espada con la que ha recibido su golpe mortal.

San Juan Crisóstomo (347-407)

Cuando doy una charla sobre santos, invariablemente me pregunta alguien por qué la Iglesia ha degradado a san Cristóbal. Explico que la Iglesia no ha degradado a san Cristóbal, sino que, más bien, ha eliminado del calendario de los santos su festividad, pues disponemos de muy poca información acerca de él. Únicamente sabemos que murió mártir durante una persecución a mediados del siglo III.

En la actualidad, veneramos e invocamos a san Cristóbal como patrón de los viajeros, pero sería mejor recordarlo por la razón por la cual llegó a ser un santo muy popular en la Edad Media. Durante aquellos siglos, los cristianos lo festejaban no porque garantizase seguridad en el camino o en la mar, sino porque su leyenda demostraba el poder de la señal de la cruz sobre el diablo. La historia de Cristóbal era más o menos esta:

Cristóbal, un portentoso gigante, abandonó su hogar en busca del rey más poderoso del mundo para ponerse a su servicio. A lo largo de sus viajes, primero conoció a un gran rey cristiano y se comprometió a seguirlo. Un día, un bufón estaba entreteniendo a la corte con una canción sobre el diablo. Y, cada vez que el rey escuchaba la palabra *diablo*, hacía la señal de la cruz. Perplejo ante este extraño gesto, Cristóbal le preguntó al rey qué significaba aquello. «Siempre que oigo mencionar al diablo», respondió el rey, «me defiendo mediante esta señal por miedo a que él logre algún poder sobre mí y me haga daño».

Replicó Cristóbal: «Si tienes miedo del diablo, es porque él debe de ser más fuerte y más grande que tú. ¡Así que, adiós! Me voy a buscar al diablo y ponerme a su servicio, porque el rey más poderoso de la tierra debe de ser él».

Poco después, mientras Cristóbal iba andando por un camino, se encontró con un gran ejército. Su caudillo, un guerrero de aspecto formidable y armadura negra, le preguntó a dónde iba. Cristóbal dijo: «Voy en busca del diablo. Quiero tomarlo como mi maestro».

«Yo soy aquel a quien estás buscando», dijo el guerrero. Contento de haber encontrado al diablo, Cristóbal se comprometió a servirle y se unió a su ejército. Mientras el ejército proseguía su marcha, pasaron junto a un crucero al borde del camino. Cuando el diablo se percató, quedó aterrorizado y se escondió detrás de un peñasco. Atónito ante el comportamiento de su nuevo amo, Cristóbal le preguntó qué es lo que infundía tanto miedo. El diablo dudaba, le daba vueltas y balbuceaba vacilante, y se negaba a responder. Sin embargo, Cristóbal insistió. Entonces el diablo cedió y contestó: «Una vez, un hombre llamado Jesucristo estaba clavado en una cruz y, cuando veo su señal, me llena de terror, y salgo huyendo».

«Si ese es el caso», dijo Cristóbal, «entonces ese Jesús es más grande y más poderoso que tú. Por lo tanto, aún no he encontrado al rey más grande en la tierra. Así que te dejo. Me voy en busca de Cristo, para que Él sea mi maestro».

Más adelante en esta historia, Cristóbal se encuentra con Cristo, que trabaja como barquero llevando a la gente a través de un río. Y toma a Cristo como su rey y le sirve hasta su martirio.

La derrota del Diablo

Hoy, siglos después de la época de san Cristóbal, la señal de la cruz no ha perdido nada de su poder sobre Satanás. Todavía se acobarda y se da la vuelta al verlo. Así que hacer la señal nos sigue protegiendo de nuestro más peligroso enemigo. Y aquí está lo curioso. Aunque la señal de la cruz asegura nuestra victoria en nuestras batallas con el diablo, no la usamos a menudo. Es un arma potente y certera al alcance de la mano, pero la ignoramos.

¿Por qué no sacamos provecho de esta poderosa arma? Creo que el motivo se debe a nuestra actitud hacia el diablo. Mucha gente, simplemente, no lo tiene en su radar. Creen que el diablo existe, pero, con los ojos puestos en las cosas cotidianas, no le prestan atención. Otros no creen que exista el diablo y, por tanto, no ven que haya un enemigo al acecho y esperando echar el lazo. Ninguno de estos dos grupos recurre a la señal como instrumento de guerra espiritual, puesto que no se dan cuenta de que están en guerra.

Sin embargo, nos hallamos envueltos en una guerra contra el diablo, y las espadas están en todo lo alto, porque nuestra salvación aún está en riesgo. El nombre mismo del diablo supone ya una señal del grave peligro que corremos. La palabra griega de la que procede *diablo* es *diábolos*, que significa «difamador, calumniador, el que lanza en contra». El diablo se lanza a sí mismo contra el plan que Dios tiene para rescatarnos del pecado y de la muerte, y se empeña en entorpecer este plan.

El propio Jesús hablaba a las claras sobre la amenaza que Satanás constituye para la humanidad. Dijo que el diablo era «homicida desde el principio» y «embustero, y padre de la mentira» (*Juan* 8, 44). Proclamaba que su propósito en la vida era redimir a toda la humanidad del dominio de Satanás sometiéndose a la muerte en la Cruz. Explicó: «Ahora el príncipe de este mundo va a ser arrojado afuera. Y cuando yo sea levantado de la tierra, atraeré a todos hacia mí» (*Juan* 12, 31-32).

La victoria de Cristo en la Cruz constituyó una completa sorpresa para el diablo. El diablo se había estado figurando que iba a adueñarse de todo al quitarle la vida al Hijo de Dios. Satanás pensaba reclamarse el dominio de los seres humanos, en tanto que nosotros nos habíamos entregado a su servicio a través del pecado. Sabía que, debido a nuestros pecados, teníamos contraída una deuda cuyo pago nos costaría la vida. Pero cometió un enorme error al intentar reclamar la vida de Cristo, el cual no había pecado y contra el cual carecía de ningún derecho de requerimiento. En vez de que la Cruz cumpliese la gran aspiración del diablo de destruir a Jesús, le costó su control sobre la entera humanidad.

Los Padres de la Iglesia enseñaban que, si Satanás se hubiera percatado de qué era lo que Dios pretendía conseguir para nosotros en Cristo, nunca habría pretendido la Crucifixión. Oigamos, por ejemplo, a san León Magno, un papa de mediados del siglo V (falleció en el año 461):

Para que Dios pudiera liberar a la humanidad de los lazos de la transgresión que trae consigo la muerte, ocultó el poder de la majestad de Cristo a la furia del diablo (ver *1 Corintios* 2, 8), y en su lugar le ofreció la debilidad de nuestra humilde naturaleza. Pues, si ese altanero y cruel enemigo hubiese podido conocer el designio de la misericordia de Dios, habría procurado más bien templar delicadamente los ánimos de [los que crucificaron a Cristo], en vez de inflamarlos con odio perverso, a fin de no acabar perdiendo la esclavitud de todos sus cautivos, al pretender la libertad de aquel que no le estaba en deuda ninguna.

De modo que quedó ofuscado por su propia maldad. Le infligió un tormento al Hijo de Dios que se tornó en sanación para todos los hijos de los hombres. Derramó sangre inocente, que se convirtió en el rescate y en la bebida para la expiación del mundo. El Señor... permitió que sus rabiosos enemigos le pusieran la mano encima, y ellos, obcecados en su sevicia, se hicieron servidores del designio del Redentor.

Así que, en ese día hace unos dos mil años, la Cruz se convirtió en la ruina de Satanás, y desde entonces su señal lo tiene paralizado de miedo.

Aplicar los méritos de la victoria de Cristo

Cristo, mediante nuestro Bautismo (ver capítulo cuatro), ha puesto en nuestras manos la victoria de su Cruz. A lo largo de la ceremonia del Bautismo, se incluyen uno o más exorcismos durante los cuales el sacerdote o diácono nos signa con la cruz mientras ordena al diablo que se aleje de nosotros. El celebrante también pide que renunciemos a Satanás, lo cual hacemos por nuestra cuenta, si nos bautizamos siendo adultos, o lo hacen nuestros padres y padrinos en nuestro nombre, si nos bautizamos siendo bebés.

Dios se sirve entonces de las aguas bautismales para sumergirnos en el misterio de la Cruz misma. Mediante el baño sacramental, morimos con Cristo y resucitamos con Él a una nueva vida. En ese momento crucial, el Señor nos marca con la señal de la Cruz, el sello que nos reclama como propiedad suya.

Los Padres de la Iglesia enseñan que Dios nos ha sellado con la señal de la Cruz para hacernos inviolables. Con ello garantiza nuestra seguridad advirtiendo al enemigo de que no nos haga daño y ni siquiera nos toque. Dice san Cirilo de Jerusalén sobre el Bautismo: «La invocación de la gracia marca tu alma con su sello e impide que el terrible demonio te devore».

Nuestro sello bautismal de inviolabilidad nos pertrecha para la victoria en nuestras batallas diarias contra el diablo. Cada vez que nos santiguamos, estamos poniendo en marcha sus características defensivas y ofensivas. La señal de la cruz le recuerda al diablo que somos posesión de Cristo y que no se atreva a hacernos daño. Y lo espanta porque el gesto de santiguarse evoca el doloroso recuerdo de su derrota.

Sin embargo, todo esto implica una paradoja que nos desconcierta, aunque no se trate más que de un aparente enigma. Y es que, si Cristo ha vencido a Satanás en la Cruz, ¿por qué continúa siendo una amenaza para nosotros? ¿Por qué san Pedro, por ejemplo, nos advierte de que nuestro «adversario el diablo anda al acecho como un *león rugiente*, buscando a quién devorar» (*1 Pedro* 5, 8; la cursiva es mía)? Si Jesús lo ha derrotado, ¿por qué sigue libre rondando y causándonos problemas?

El modo como se desarrolló la Segunda Guerra Mundial puede servirnos para comprender cuál es la situación que hay entre nosotros y Satanás. Si bien la guerra no terminó hasta el verano de 1945, la victoria de los Aliados en Europa había quedado asegurada en 1943. Durante aquel año, las fábricas de los Estados Unidos comenzaron a producir más aviones y barcos de los que las potencias del Eje estaban destruyendo. La victoria final era únicamente cuestión de tiempo. El resto de la campaña europea fue una gran operación de avance continuado y arrollador, como de limpieza.

De manera similar, Cristo ganó la guerra contra Satanás en la Cruz, pero Satanás aún no ha abandonado el campo de batalla. Cristo ha querido que participemos en su gran obra de redención, de manera que nos ha involucrado en la ofensiva final de avance continuado, como si fuésemos el equipo de limpieza. Nosotros, los miembros de la Iglesia, el Cuerpo de Cristo, tenemos el privilegio de sumarnos al triunfo definitivo del Señor sobre el diablo. Las tornas han cambiado, y aquellos que Satanás preveía cobrarse como víctimas de su ataque se han convertido en sus conquistadores.

Por tanto, hasta que Jesús regrese, tendremos que luchar contra las escaramuzas del diablo. Sin duda alguna, es un adversario peligroso. Sin embargo, nunca debemos olvidar que el Señor nos ha puesto en ventaja: Él ha ganado la guerra. Pero debemos aplicar los méritos de su victoria en nuestra vida cotidiana. Al igual que san Cristóbal, debemos tomar al Señor como nuestro maestro y, armados con su sagrado signo, unirnos a Él en la batalla contra nuestro común enemigo.

8. UNA VICTORIA SOBRE
LA AUTOCOMPLACENCIA

Cuantos pertenecen a Cristo Jesús han crucifica-
do la carne con sus pasiones y concupiscencias. Si
vivimos conforme al Espíritu, caminemos también
conforme al Espíritu, y no seamos vanidosos, provo-
cándonos unos a otros, envidiándonos unos de otros.

Gálatas 5, 24-26

Debemos esperar de la señal de la Cruz la sana-
ción de todas nuestras heridas. Si el veneno de la
avaricia corre por nuestras venas, hagamos la señal
de la cruz, y el veneno será expulsado. Si el escor-
pión de la sensualidad nos pica, acudamos al mismo
remedio, y quedaremos sanados. Si los más bajos
pensamientos mundanos pretenden corrompernos,
hagamos de nuevo la señal de la cruz, y viviremos la
vida divina.

San Máximo de Turín (c. 380-c. 465)

Os habéis despojado del hombre viejo y de sus
obras, y os habéis revestido del hombre nuevo,
que se va renovando para conocer conforme
a la imagen de quien lo instituyó.

Colosenses 3, 9-10

A lo largo de toda mi vida, la rabia, la impaciencia y la actitud de criticar a los demás –por citar un puñadito de mis defectos más socorridos y peliagudos– no han dejado de acarrearme dificultades. Cuando alguno de estos defectos me lleva a cometer un error o meterme en un apuro, lo primero que se me viene a la cabeza es culpar a otra persona. Pienso: «Si Adán no lo hubiera echado todo a perder en el Jardín del Edén, ¡tal vez yo no me habría enfadado tanto!». O echo la culpa mirando a mi hogar y me imagino que la furia me viene, como si fuese un virus, de mi impetuosa madre italoamericana. Ahora tú piensa en tus propios defectos. ¿Luchas contra tu cólera, como es mi caso? ¿O contra los celos, o la sensualidad, o la pereza, o las adicciones, o algún otro comportamiento viciado? Al igual que me pasa a mí, ¿a veces crees que es culpa de otra persona? ¿Tal vez de Adán y Eva, o de tus padres?

Semejantes excusas contienen simientes de verdad. El pecado original y ciertos patrones familiares afectan a nuestra conducta. Sin embargo, el verdadero origen de un comportamiento arisco está dentro de nosotros mismos. En el corazón. Ahí es donde Jesús localiza la fuente de nuestras tendencias pecaminosas. Dijo el Señor: «Del corazón proceden los malos pensamientos: homicidios, adulterios, fornicaciones, robos, falsos testimonios, blasfemias» (*Mateo* 15, 19). A esta lista bien podría haber añadido, entre otros muchos, los famosos siete pecados capitales contra los que luchamos: soberbia, ira, envidia, pereza, gula, avaricia y lujuria.

La Escritura denomina a esta raíz de nuestros vicios «la carne». Por ejemplo, san Pablo dice: «Manifiestas son las obras de la carne: fornicación, impureza, lujuria, idolatría, hechicería, antipatías, conflictos, rivalidades, iras, peleas, discordias, divisiones, envidias, borracheras, comilonas y cosas semejantes» (*Gálatas* 5, 19). Por mi parte, prefiero el término *autocomplacencia*, pues, para la mentalidad contemporánea, tan saturada de sexo, la palabra *carne* sugiere que el cuerpo o la sexualidad incitan nuestros defectos, lo cual no es lo que dice la Escritura. Más bien, la Biblia indica que hay una fuerza interior que nos seduce al pecado.

Nos amoldamos cómodamente a nuestra autocomplacencia porque nos consiente cosas malas que nos gustan. A la vez, fingimos que, debido a su influencia, no podemos dejar de cometer nuestros pecados favoritos. Solía pensar que todo se reducía a que yo no era capaz de evitar mis ocasionales explosiones de rabia. He aprendido que esta era una complaciente mentira que me permitía excusarme mientras me mantenía amarrado a mi vicio predilecto. Pero lo cierto es que el Señor nos confiere en el Bautismo el poder para manejarnos con eficacia contra nuestra autoindulgencia. En ese sacramento, nos libera mediante el poder de su Cruz para que ya no tengamos que obedecer los cantos de sirena del pecado. En el Bautismo, también nos concede la señal de la cruz como un medio para refrenar nuestras tendencias malévolas. Creo que estarás de acuerdo en que es una herramienta muy práctica. Veamos qué puede hacer esta señal contra nuestra autoindulgencia.

Crucificar nuestros deseos básicos

Podemos afrontar de dos maneras diferentes los defectos ocasionados por nuestras peores tendencias. O bien cedemos ante ellas, o bien luchar contra ellas. Ninguna de las dos opciones es sencilla, pues ambas provocan dolor. Ceder ante los malos comportamientos nos causa dolor a nosotros y a las personas que amamos. Y luchar contra los defectos pecaminosos nos duele, porque requiere que matemos nuestra autoindulgencia.

Por tanto, cuando decidimos que queremos liberarnos de un defecto, estamos acudiendo a una lucha mano a mano. Estamos tomando partido contra la autocomplacencia; una autocomplacencia que está en guerra contra el Espíritu que nosotros hemos recibido en el Bautismo. Dice san Pablo: «La carne [*autocomplacencia*] desea con avidez contra el espíritu, y el espíritu contra la carne [*autocomplacencia*]» (*Gálatas* 5, 17). Nuestra estrategia en esta guerra espiritual consiste en matar la autocomplacencia diciendo no a los comportamientos malévoles que incita. Decía san Pablo: «Dad muerte a todo cuanto haya de terrenal en vosotros: fornicación, impureza, lascivia, concupiscencia desordenada y avaricia... Y renunciad también a todo esto: ira, cólera, malicia, blasfemia y palabras obscenas en vuestras bocas» (*Colosenses* 3, 5.8).

Cuando nos enrolamos en esta batalla contra la autoindulgencia, hemos de esperar que la lucha vaya para largo. No tenemos una bala de plata que le provoque la muerte instantánea con un solo disparo. Las Sagradas Escrituras aseguran que debemos crucificar nuestra autocomplacencia, y la crucifixión es una forma de muerte lenta y agonizante: «Cuantos pertenecen a Cristo Jesús han crucificado la carne con sus pasiones y concupiscencias», dejó escrito san Pablo (*Gálatas* 5, 24). Y podemos emplear la señal de la cruz como un instrumento muy apropiado para este propósito.

Para declarar que queremos oponernos a nuestras tendencias malévolas, podemos empezar santiguándonos cada mañana. Mientras hacemos la señal de la cruz, cabe decir algo como «Señor, hoy, mediante el poder de tu Cruz, me niego a rendirme ante las dificultades que me genera la envidia» o cualquier comportamiento que te aflija. Si fueses una mosca en la pared de mi sala de estar mientras estoy rezando, podrías ver cómo me santiguo diciendo: «Señor, a mi ira le doy muerte mediante esta cruz; dame la fuerza para decirle no, hoy».

Lo de *hoy* es una parte muy importante de este tipo de plegarias. Porque, durante este día concreto de *hoy*, nos va a resultar más asequible centrarnos en plantar cara a nuestra autocomplacencia; y así cada día. Pero si optamos por decir que *nunca* cederemos ante la ira, la envidia o cualquier otro impulso malévolo, pronto podríamos vernos derrotados y desanimados. El *nunca* en este tipo de proclamaciones supone una oportunidad tonta para que la autocompasión nos tienda su emboscada. *Nunca* es un periodo de tiempo demasiado largo y, al imaginarnos que esa determinación tajante nos pone a salvo, pronto bajaríamos la guardia. Sin embargo, la vigilancia diaria, robustecida gracias a la cruz, asegura nuestra victoria definitiva.

Así que lo primero que hemos de hacer por la mañana es rechazar nuestras malas tendencias mediante la señal de la cruz. Luego, a lo largo del día, podemos santiguarnos para combatir la autocomplacencia cuando nos seduce hacia nuestro pecado favorito. Los grandes escritores cristianos siempre han cifrado su confianza en el poder de la señal de la cruz a la hora de reaccionar ante tales tentaciones. San Bernardo de Claraval (1090-1153) se preguntaba: «¿Quién es tan completamente dueño de sus pensamientos, como para nunca tener pensamientos impuros? Pues es necesario reprimir estos ataques de inmediato, para que podamos derrotar al enemigo donde él esperaba triunfar. El medio infalible para el éxito consiste en hacer la señal de la cruz». Por su parte, Orígenes resumía el cometido que desempeña la señal de la cruz para que superemos nuestra autocomplacencia: «Tal es el poder de la señal de la cruz que, si la colocamos ante nuestros ojos, si la conservamos fielmente en nuestro corazón, ni la concupiscencia, ni la sensualidad, ni la ira podrán resistirla. Ante su presencia, todas las legiones de la autoindulgencia y el pecado huyen».

Revestidos de Cristo

Sin embargo, nuestra victoria sobre la autocomplacencia no sería completa, si únicamente nos limitáramos a eliminar nuestros malos comportamientos. Debemos aprender a reemplazar nuestra ira, mezquindad, sensualidad y similares, con sus opuestos. Y la señal de la cruz, así como nos ayuda a derrotar a nuestros deseos perversos, también puede ayudarnos a adquirir rasgos de carácter virtuoso, como la paciencia, la bondad y la castidad.

Tal como hemos estado viendo, nuestro Bautismo es un acontecimiento radical que nos cambia la vida. En él, mediante el poder de su Cruz, Cristo nos libera del pecado y de la muerte y nos otorga una nueva vida y sobrenatural. Nos despojamos de nuestra antigua naturaleza pecaminosa en la pila bautismal, y nos revestimos de una nueva naturaleza que está conformada a imagen del Señor. Escribe san Pablo: «Os habéis despojado del hombre viejo y de sus obras, y os habéis revestido del hombre nuevo, que se va renovando para conocer conforme a la imagen de quien lo instituyó» (*Colosenses* 3, 9-10). Este pasaje contiene tanto una verdad pasmosa como una ayuda práctica para el crecimiento cristiano.

Primero, vamos con la verdad sorprendente. La nueva identidad, el nuevo yo que logramos en el Bautismo no es un proyecto ya del todo definido y alcanzado. Dios nos va a ir renovando de manera progresiva a su propia imagen. La primera vez que leí la cita anterior de Colosenses, dije: «¡Guau!». Luego pulsé el botón de rebobinar que hay dentro de mi cerebro y volví a leer el pasaje una y otra vez. El hecho de que el Señor tuviera el propósito de crearme de nuevo y a su imagen me descolocó y me deleitó.

En consecuencia, mediante el Bautismo nos revestimos de una nueva naturaleza que Dios continúa desarrollando y perfeccionando. Nuestra transformación es obra del Espíritu Santo, que replica en nosotros el carácter de Cristo y nos permite conducirnos como Él cuando vivió en la tierra. Las Escrituras denominan estos rasgos de Cristo como *frutos del Espíritu* y los especifican como amor, alegría, paz, paciencia, bondad, abandono, constancia, mansedumbre, dominio de sí mismo (ver *Gálatas* 5, 22-23). Cada fruto del Espíritu nos ayuda a reemplazar un mal comportamiento por uno bueno. Sustituimos odio por amor, enemistad por paz, cólera por moderación, y así sucesivamente.

El instrumento práctico que se sugiere en Colosenses 3 es una forma de usar la señal de la cruz que nos socorre a la hora de cambiar una conducta malvada adoptando el comportamiento de Cristo. Déjame que te dé un poco de contexto antes de explicarte cómo funciona.

El texto recurre a la analogía de despojarse de las viejas vestiduras y revestirse con las nuevas para describir nuestra transformación en Cristo. Los Padres de la Iglesia desarrollaron esta cuestión, enseñando que despojarse de nuestra antigua naturaleza en el Bautismo y revestirse de una nueva suponía participar en el expolio de Cristo en su Crucifixión. Y en la Iglesia primitiva, los catecúmenos se desvestían antes de su inmersión, tal como Cristo había quedado desnudo en la Cruz. Dirigiéndose a los recién bautizados, san Cirilo de Jerusalén decía:

Cuando entrasteis al baptisterio, os quitasteis la ropa como un símbolo de que os habéis despojado del hombre viejo con sus obras. Al quedar desnudos, también imitabais a Cristo, a quien dejaron desnudo al colgarlo en la Cruz. Él, mediante su desnudez, se despojó a sí mismo de los principados y potestades... triunfando sobre ellos en la cruz. Puesto que las fuerzas malignas establecieron una vez su morada en tus miembros carnales, ya no puedes seguir llevando esa vieja indumentaria. No me estoy refiriendo a tu cuerpo visible, sino a la «vieja naturaleza»... corrompida por los mendaces apetitos del deseo.

Los recién bautizados, al salir de la pila bautismal, se cubrían con atuendos blancos, lo que simbolizaba que habían resucitado a una nueva vida y se habían revestido de Cristo, el cual había sido revestido de gloria en su Resurrección. Dice san Pablo: «Todos cuantos habéis sido bautizados en Cristo estáis revestidos de Cristo» (*Gálatas* 3, 27).

Es probable que ya te hayas hecho una idea de para qué sirve santiguarse. Podemos considerarlo como nuestra forma de participar en el expolio de Cristo en la Crucifixión y en su vestidura de gloria en la Resurrección. Y podemos recurrir a la señal de la cruz para invocar la gracia del Bautismo y ayudarnos a sustituir las obras de autoindulgencia por los frutos del Espíritu. Podemos trazar la cruz sobre nuestros cuerpos mientras oramos: «Señor, mediante esta señal, me despojo de mis tendencias perniciosas, residuos de mi antigua naturaleza que continúan adheridas a mí». Luego podemos volver a santiguarnos, recitando: «Oh Espíritu Santo, con esta cruz, me visto de Cristo y te pido que me ayudes a vivir como Él vivió».

Cuando me santiguo y rezo de esta forma, procuro ser muy específico. «Señor», digo mientras hago la señal de la cruz, «en tu nombre, me despojo, como si fuera ropa sucia, de mi ira, de mi impaciencia y de lo criticón que soy». Luego me santiguo una segunda vez, diciendo: «Señor, con esta cruz, me revisto de la moderación de Cristo, su paciencia y su compasión».

Si mi familia y amigos me escucharan durante esos momentos, suspirarían con gran alivio.

CONCLUSIÓN
GRACIAS Y DECISIONES

Cada vez que sobre esta carne pecadora mía trazo la Santa Señal, todos los buenos pensamientos se agitan dentro de mí y renuevan su adormecida fuerza divina; hasta que brota hacia lo alto una intrepidez robusta y auténtica para padecer y actuar.

San John Henry Newman (1801-1890)

Si llevas en tu frente la señal de la humildad de Jesucristo, lleva en tu corazón la imitación de la humildad de Jesucristo.

San Agustín (354-430)

La beata Maria Assunta Pallotta (1878-1905), que era una muchacha sencilla de una familia italiana pobre, decía que había entrado en el convento para hacerse santa. Su comunidad, las Misioneras Franciscanas de María, le asignaron la tarea de trabajar en la cocina y en la huerta. En 1904, enviaron a Maria Assunta a su misión en China. Durante el trayecto, ella y sus compañeras hicieron escala en Bombay (La India), y escribió lo siguiente en una carta a sus hermanas en Italia:

Hemos visto a cuatro de estas pobres personas postradas en adoración ante una gran piedra pintada de rojo, y luego se tocaban la frente con un poco de barniz rojo. He pensado en cómo esto debería avergonzarnos a algunos de nosotros, los cristianos, que estamos tan repletos de respeto humano que ni siquiera nos atrevemos a santiguarnos en público.

Deseo con plena determinación que las palabras de Maria Assunta nunca se apliquen a mí ni a ninguno de vosotros, mis lectores. Espero que, como resultado de la lectura de este libro, te sientas ahora más liberado para santiguarte sin tapujos en público. Sí, espero que estés imitando a tus antepasados cristianos y que lo primero que hagas por la mañana sea signarte, y que sea lo último que hagas al acostarte por la noche; que te santigües cuando comas y cuando bebas, cuando salgas de casa y cuando regreses, cuando te pongas en camino, subas el coche, vayas en autobús o en avión, estés en casa, en el colegio o la universidad, en el trabajo o descansando en tu tiempo libre. Tengo también la confianza en que aquellos de vosotros que seáis padres estéis usando la señal de la cruz para bendecir a vuestros hijos. En resumen, confío en que hayáis empezado a santiguaros en todas las circunstancias, como aconsejaban los Padres de la

Iglesia a quienes hemos citado a menudo a lo largo de este libro.

Hemos estado indagando en todas aquellas realidades en las que actúa la gracia de la señal de la cruz. Las hemos estudiado como una manera de recuperar el poder de la antigua plegaria. Repasa conmigo estas realidades a fin de que se queden grabadas en tu memoria y las tengas siempre al alcance de tu mano:

Al santiguarte:

1) Te estás abriendo a Dios al confesar tu fe en la Santísima Trinidad y en las doctrinas cristianas elementales. Asegúrate de que estás rezándole al Dios que te creó, no a uno que tú has creado. Invoca el nombre de Dios como una forma de entrar en su presencia y orar con el poder de Dios.

2) Estás escogiendo vivir la vida sobrenatural que recibiste al morir y resucitar con Cristo en tu Bautismo. Mantente firme en la convicción de que has muerto al pecado y, por lo tanto, rechaza ceder ante el pecado. Reconócete como miembro del Cuerpo de Cristo y ten confianza en que el Espíritu Santo siga fluyendo dentro de ti.

3) Estás afirmando tu decisión de ser discípulo de Cristo. Niega que te perteneces a ti mismo. Declara que todo cuanto eres y posees pertenece al Señor. Decide seguirlo abrazando su enseñanza y obedeciendo sus mandamientos.

4) Estás aceptando el sufrimiento como una parte normal de la vida cristiana. Date cuenta de que el Señor permanece a tu lado y te sostiene en tu sufrimiento. Abraza las dificultades y el dolor como una manera de participar en el sufrimiento de Cristo y de alcanzar ventajas espirituales para los demás.

5) Estás rechazando al diablo al recordarle la victoria de Cristo. Para repeler sus intentos de hacerte daño, únete a la batalla de Cristo y plántale resistencia. Ante los enemigos espirituales, reclama la inviolabilidad que te pertenece desde que tú perteneces a Cristo.

6) Estás matando tu autoindulgencia y las tendencias que te conducen al pecado. Despójate de tu antigua naturaleza pecaminosa y de su perversa actitud. Vístete con tu nueva naturaleza que el Señor está

renovando a su imagen. Recoge el fruto del Espíritu.

Cada vez que haces la señal de la cruz, te estás insertando en estas realidades. De vez en cuando, al santiguarte, puedes ser especialmente consciente de uno o más de estos aspectos: por ejemplo, puedes tener en mente tu Bautismo o recordar que eres discípulo de Cristo. A veces puedes optar por enfocarte de manera específica en uno de estos puntos; por ejemplo, aceptar una dificultad o rechazar una tentación. Sin embargo, la mayoría de las veces, te santiguas sin pensar en nada de esto de manera concreta. Como vengo insistiendo –y es la cuestión principal de este libro–, nunca debes hacer la señal de la cruz por inercia o sin prestar atención, sino que siempre debes santiguarte con reverencia y fe.

Ahora que estamos a punto de concluir nuestro recorrido, espero que estés de acuerdo conmigo, cuando afirmo que santiguarse constituye una fácil disciplina espiritual. ¿Qué podría resultar más fácil que tocarse la frente, el pecho y los hombros mientras se reza en el nombre del Señor? Tienes a mano un gesto y una plegaria sencillos que te abren a un tremendo torrente de gracias. La señal de la cruz es un acto de fe que conecta el amor de Dios hacia ti y el poder espiritual que Él quiere liberar en tu alma.

Pero también has descubierto en estas páginas que la señal de la cruz resume tu vida y vocación cristianas, y por eso, no es algo tan simple. Te llama a reafirmar decisiones difíciles, decisiones que has tomado a un alto coste personal. Hacer la señal de la cruz dice que te estás manteniendo firme en estas decisiones, y al santiguarte te estás uniendo a Cristo en la Cruz. Estás crucificando todo cuanto se opone a las decisiones que has tomado para abrazar la voluntad de Dios. Es difícil y cuesta mucho. Pero adquieres un torrente de gracia para apoyarte y sostenerte en tu determinación.

Por tanto, la señal de la cruz nos abre a gracias que nos permiten ratificar nuestras decisiones de fe y vida. Con san John Henry Newman, trazamos la sagrada señal de la cruz sobre nuestra carne pecadora «hasta que brota hacia lo alto una intrepidez robusta y auténtica para padecer y actuar». Eso es la gracia de Dios. Con san Agustín, marcamos nuestras frentes con el signo de la humildad de Cristo, a fin de que en nuestros corazones podamos imitar de verdad su humildad manteniéndonos amarrados a las decisiones que hemos tomado, y subordinando nuestra voluntad a la voluntad de Dios. Esa es nuestra resolución.

Y, al igual que la beata Maria Assunta, al santiguarnos sin respetos humanos, con desparpajo, tal vez podamos llegar a ser santos.

BIBLIOGRAFÍA

Catecismo de la Iglesia Católica, 2ª ed., Libreria Editrice Vaticana, Ciudad del Vaticano 1997.

Danielou, Jean, *Bible et liturgie,* Les Editions du Cerf, París 1951. Existe edición en castellano: *Sacramentos y culto según los Santos Padres,* Ediciones Cristiandad, 1965.

Primitive Christian Symbols, Burns & Oates, Londres 1964.

Gaume, Jean-Joseph, *Le signe de la croix u XIXe siècle,* Gaume frères et J. Duprey, París 1864.

Lambing, A. A., *The Sacramentals of the Holy Catholic Church*, Benziger Brothers. Nueva York 1892.

Lewis, C. S., *Cartas del diablo a su sobrino,* Rialp. Madrid 2001. Edición original: *The Screwtape Letters,* Londres 1942.

O'Connor, Edward D., *The Catholic Vision*, Our Sunday Visitor, Huntington, Indiana 1992.

Padres de la Iglesia, *Patrología* (cuatro volúmenes), Biblioteca de Autores Cristianos. Madrid 2004-2011.

Richardson, Alan (ed.), *A Theological Word Book of the Bible*, Macmillan Publishing Company, Nueva York 1950.

Sheed, F. J., *Theology and Sanity*, Sheed & Ward, Londres 1947. Edición española: *Teología y sensatez* (traducción de Ginés Arimón y Arsenio Pacheco), Herder, Barcelona 1961.

Thurston, Herbert, *Familiar Prayers: Their Origin and History*, The Newman Press, Westminster, Maryland 1953.

Thurston, Herbert, "Sign of the Cross", en *The Catholic Encyclopedia*, vol. 13, 785-787, The Universal Knowledge Foundation, Nueva York 1907.